ESO 2

Física

FÍSICA Y QUÍMICA

AUTORA
M.ª del Carmen Arróspide Román

AUTOR SECCIONES PROCEDIMENTALES
David Blanco Laserna

TRABAJO COOPERATIVO
Pere Pujolàs

FLIPPED CLASSROOM
The Flipped Classroom SL
Raúl Santiago Campión (Coordinador)

PROYECTO PBL
Juan José de la Torre Bellido

EMPRENDIMIENTO
César García-Rincón de Castro
Jerónimo García Ugarte

REVISIÓN TÉCNICA
Felipe Pizarro Calles

El 0,7 % de la venta de este libro se destina a proyectos de desarrollo de la ONGD SED (www.sed-ongd.org).

EDELVIVES ESO

QUÍMICA

FÍSICA

Para empezar...

PARA EMPEZAR...

Las fuerzas

Una **fuerza** es todo aquello capaz de modificar el estado de reposo o movimiento de un cuerpo, o de deformarlo.

Los efectos que producen las fuerzas sobre los cuerpos no siempre son los mismos, dependen de varios factores como la **intensidad** de la fuerza, la **duración** de esa fuerza y las **características** del cuerpo que la recibe.

El movimiento

Cuando aplicamos una fuerza sobre un cuerpo pueden suceder estas cosas:

El cuerpo se pone en movimiento.

Se cambia la dirección o el sentido del movimiento del cuerpo.

Las fuerzas y las deformaciones

Las fuerzas pueden provocar deformaciones en los cuerpos. Según se deformen los cuerpos frente a una fuerza se clasifican en:

Cuerpos elásticos

Recuperan su forma original cuando la fuerza cesa su acción.

Cuerpos plásticos

Adoptan una nueva forma y no recuperan su forma inicial cuando la fuerza cesa su acción.

Cuerpos rígidos

Se rompen si la fuerza que sufren es lo suficientemente intensa.

ACTIVIDADES

1 Indica en cada caso qué efecto ha producido la fuerza sobre el cuerpo:

a. Un maquinista acciona el freno de un tren.

b. Un niño aprieta un patito de goma.

c. Un ciclista toma una curva en una carrera.

La electricidad

La **carga eléctrica** es una propiedad de la materia, y puede ser positiva o negativa. Algunos cuerpos están cargados **positivamente**, otros **negativamente** y otros tienen la misma cantidad de carga negativa que positiva, entonces, su carga es **neutra**.

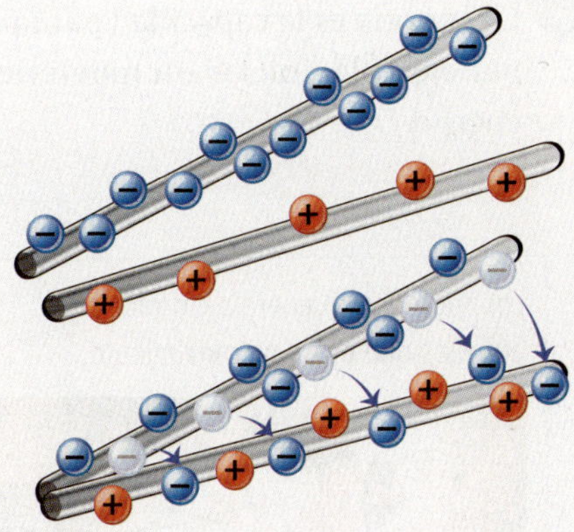

Dependiendo de su carga, los cuerpos se comportan de forma diferente:

- Cuando dos cuerpos tienen carga del mismo signo (positiva o negativa) se repelen.
- Cuando dos cuerpos tienen carga de distinto signo (positiva o negativa) se atraen.

Los materiales conductores permiten el paso de la corriente eléctrica.

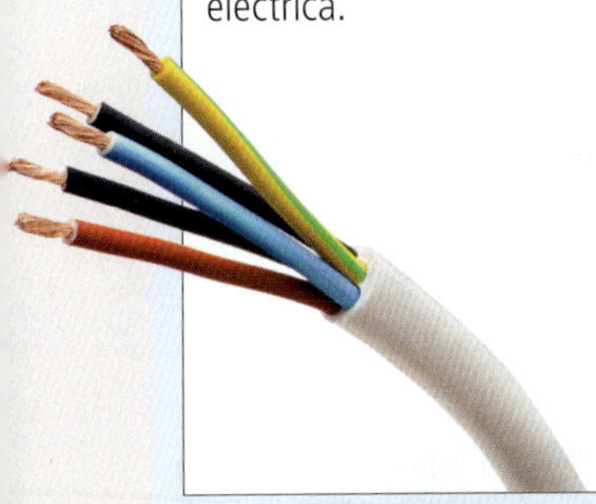

Los materiales aislantes no permiten el paso de carga a través de ellos. Por eso los cables eléctricos se recubren de plástico.

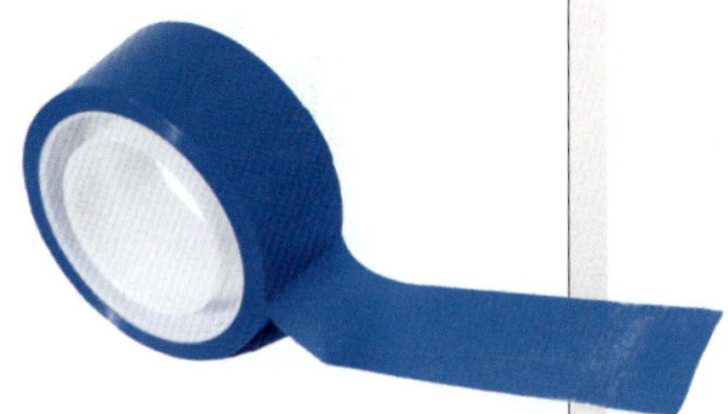

El magnetismo

Algunos materiales tienen propiedades **magnéticas**, es decir, pueden atraer a otros objetos metálicos.

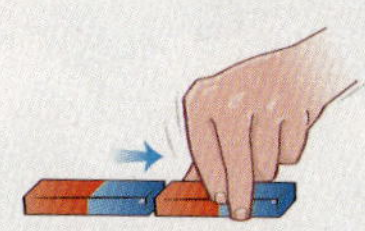

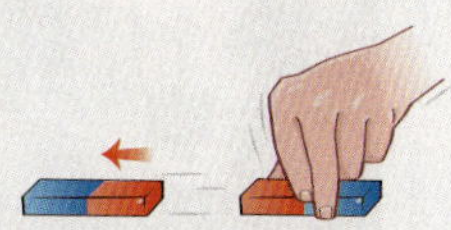

Los imanes tienen dos zonas, el **polo norte** y el **polo sur**. Si enfrentamos dos polos iguales, se repelen, si son distintos, se atraen.

El **electromagnetismo** es la relación entre magnetismo y electricidad.

ACTIVIDADES

1 Elige, de entre los siguientes materiales, aquellos que conducen la electricidad:

a. Un palo de madera.

b. El agua de mar.

c. El plástico.

d. Un clip.

2 Investiga qué materiales naturales tienen propiedades magnéticas.

La energía

La **energía** es la capacidad para producir cambios en la materia, como, por ejemplo, iniciar un movimiento o cambiar la temperatura de un cuerpo.

Los cuerpos con energía cinética son aquellos que están en movimiento.

La energía lumínica se manifiesta en forma de luz.

La energía sonora es la que transmiten los cuerpos al vibrar mediante ondas sonoras, por ejemplo, las olas del mar.

La energía química se almacena en algunas sustancias como los combustibles y los alimentos.

La energía eléctrica se transmite a través de los materiales conductores en forma de corriente eléctrica.

La energía térmica es la que produce calor.

La energía se encuentra en todas partes y puede manifestarse de diferentes formas: mecánica, térmica, eléctrica, lumínica, sonora o química.

Propiedades de la energía

La energía no se puede crear ni destruir, sino que **se transforma.** Por ejemplo, en una central hidroeléctrica la energía cinética del agua que cae se transforma en energía eléctrica. Cuando esta energía llega a una vivienda y se utiliza en un horno, se transforma en energía térmica.

La energía puede **almacenarse**, por ejemplo, en las pilas o baterías donde se almacena en forma de energía química.

ACTIVIDADES

1 Indica qué tipo o tipos de energía aparecen en estos ejemplos:

a. Un niño camina y se detiene.

b. Un avión atraviesa el cielo con gran estruendo.

c. Una joven toma un zumo después de hacer deporte.

d. Un niño hace un bizcocho.

Transmisión de calor

El **calor** es la transferencia de energía térmica, que pasa de unos cuerpos a otros cuando estos se encuentran a diferentes temperaturas.

Cuando dos cuerpos a temperatura distinta se ponen en contacto, el calor pasa del cuerpo de mayor temperatura al que tiene una temperatura menor, hasta que la temperatura de ambos se iguala.

Cuando la temperatura de un material cambia pueden suceder estos fenómenos:

Dilatación: si la temperatura aumenta, los materiales aumentan de tamaño, es decir, se dilatan.

Contracción: si la temperatura disminuye, los materiales disminuyen su tamaño, es decir, se contraen.

ACTIVIDADES

1 ¿Qué diferencia crees que existe entre calor y temperatura?

2 Indica qué fenómeno de dilatación o contracción se produce es estos casos:

a. Una puerta de madera aumenta su tamaño por la humedad.

b. La vía del tren se enfría durante el invierno.

c. Una pelota se deshincha al dejarla expuesta al frío.

Fuentes de energía

Una fuente energética es un recurso natural a partir del cual se puede obtener energía. Las fuentes de energía pueden ser **renovables** o **no renovables.**

Renovables

No se agotan, pues se renuevan en la naturaleza más rápido de lo que se consumen.

Energía solar

Se usan placas solares para conseguir electricidad o calor.

Energía eólica e hidráulica

Provienen del movimiento del aire y del agua respectivamente. La energía cinética se transforma en eléctrica en ambos casos.

Energía de la materia orgánica

Los residuos orgánicos o la madera contienen energía química que se puede transformar en electricidad o calor.

No renovables

Su producción natural es lenta, se pueden agotar si se consumen muy rápido.

Combustibles fósiles

El petróleo, el gas natural o el carbón provienen de la descomposición de seres vivos durante millones de años. Su combustión se transforma en energía eléctrica o en calor.

Sustancias radiactivas, uranio y plutonio

Contienen energía nuclear, que se puede transformar en energía eléctrica.

05 Las fuerzas y sus efectos

¿Cómo voy a resolver las dificultades que se me planteen en esta unidad?

1 ¿Qué crees que es una fuerza?

2 Si empujas un objeto, ¿estás haciendo fuerza? ¿Y si lo sujetas?

3 Si corres en una pista de atletismo y das una vuelta completa, ¿te has movido?

4 ¿Qué relación crees que tienen los relámpagos o los imanes con las fuerzas?

01 El concepto de fuerza

A lo largo del día, realizas muchas tareas que suponen una interacción entre dos cuerpos: sucede cuando levantas tu mochila, frenas un monopatín o amasas pan. Todas estas interacciones entre cuerpos se llaman **fuerzas.**

Las **fuerzas** tienen dos tipos de efectos sobre los cuerpos:

- Pueden cambiar el estado de movimiento o reposo de un cuerpo.
- Pueden deformarlos.

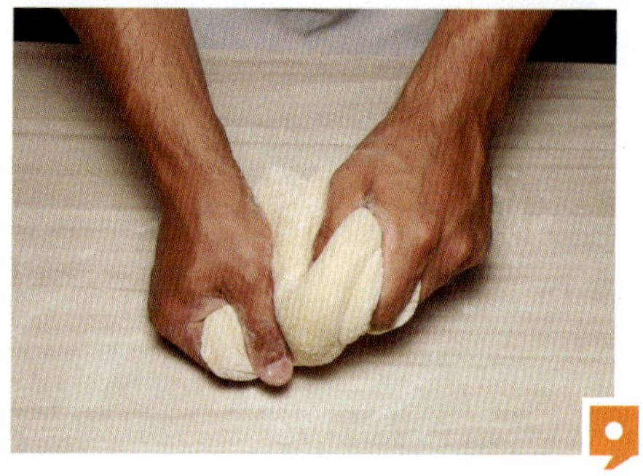

Fuerza de deformación.

Las fuerzas

Pueden modificar la velocidad de un cuerpo.

Pueden mover un cuerpo que estaba parado.

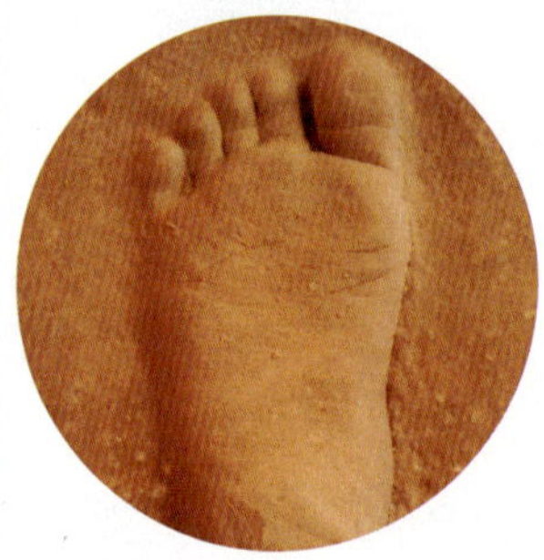

Pueden producir deformaciones.

Pueden parar un cuerpo que estaba en movimiento.

> Una **fuerza** es toda causa capaz de deformar un cuerpo o de modificar su estado de reposo o de movimiento.

Según cómo y dónde se apliquen, las fuerzas pueden provocar efectos distintos. Así, por ejemplo, no es lo mismo empujar un cuerpo desde la parte de atrás que desde arriba o desde delante.

Es decir, las fuerzas no se representan solo mediante un número, sino que es necesario indicar la dirección y el sentido en el que actúan. Por ello, se representan a través de un **vector**.

Vectores y fuerzas

Un **vector** es un segmento orientado, que consta de:

01.1 Fuerzas por contacto y a distancia

Según la proximidad a la que se encuentren dos cuerpos, las fuerzas pueden actuar de dos formas distintas.

- **Fuerzas por contacto:** se producen cuando existe contacto físico entre los cuerpos; por ejemplo, cuando se empuja una silla o se levanta un objeto del suelo.
- **Fuerzas a distancia:** operan sin que sea necesario el contacto físico entre los cuerpos; por ejemplo, cuando dejas caer un balón, este no toca la Tierra pero resulta atraído por ella y desciende.

Fuerzas

Por contacto

Requieren el contacto físico entre los cuerpos.

A distancia

No es necesario el contacto físico entre los cuerpos y son de tres tipos.

Gravitatorias

Entre cuerpos que tienen masa.

Magnéticas

Entre dos imanes o un imán con el hierro.

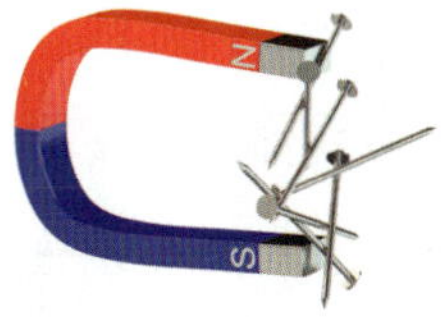

Eléctricas

Entre cuerpos con cargas eléctricas.

01.2 Unidad de fuerza

La unidad de fuerza en el SI de unidades se llama newton, en honor al físico y matemático inglés, **Isaac Newton** (1643-1727). El símbolo de esta unidad de medida es N.

ACTIVIDADES

1 Cita tres situaciones de tu vida cotidiana en las que, mediante una fuerza, produzcas:

a. Movimiento en un cuerpo en reposo.

b. El cambio en el movimiento de un cuerpo.

c. Una deformación en un cuerpo.

2 ¿En qué casos aplicas una fuerza sobre un cuerpo?

a. Cuando apoyas un bolígrafo en el papel.

b. Cuando estás sentado en una silla.

c. Cuando sales a la pizarra.

3 Clasifica las siguientes acciones según obedezcan a una fuerza por contacto o a una fuerza a distancia:

a. Una moto arranca.

b. Cortas una patata con un cuchillo.

c. Tomas una curva patinando.

d. Cae una pelota desde una canasta de baloncesto.

e. Atas una cuerda a una caja y tiras de la cuerda.

f. El pelo se te electriza con el peine.

g. Unos clavos son atraídos por un imán.

02 Los cuerpos y las deformaciones

Aunque se aplique una misma fuerza sobre ellos, no todos los cuerpos tienen la misma resistencia a la deformación. Por ejemplo, si se presiona un ladrillo, su forma no se altera (aunque se puede romper), mientras que la arcilla se deforma con facilidad.

Si se compara el efecto de las fuerzas sobre la arcilla o sobre un muelle, se observan dos comportamientos diferentes, pues ambos se deforman, pero de distinta manera: el muelle recupera su forma cuando cesa la fuerza; en cambio, la arcilla no. Según el tipo de deformación de los cuerpos frente a las fuerzas, estos se clasifican en rigidos, plásticos y elásticos.

Cuerpos rígidos

No se deforman bajo la acción de una fuerza. Por ejemplo, una roca o la superficie de una mesa de mármol.

Cuerpos plásticos

Se deforman bajo la acción de una fuerza, pero no recuperan su forma si la fuerza cesa. Por ejemplo, la masa de pan o la plastilina.

Cuerpos elásticos

Se deforman cuando actúa una fuerza sobre ellos, pero recuperan su forma cuando la fuerza deja de actuar. Por ejemplo, una cinta elástica o un muelle.

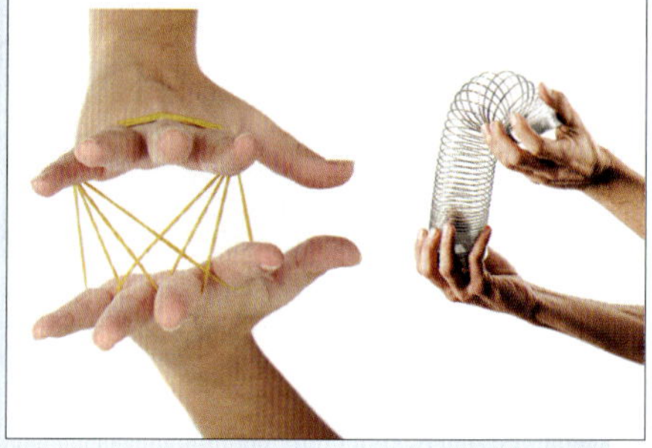

ACTIVIDADES

4 ¿Crees que existen los cuerpos totalmente rígidos o un cuerpo rígido es una idealización? Razona tu respuesta.

5 ¿Cómo clasificarías los siguientes objetos?

a. Una esponja.

b. Las fibras de un cepillo de dientes.

c. La plastilina.

d. Un vaso de vidrio.

e. El barro.

f. Un patito de goma.

g. Una almohada.

6 Existen muelles muy fuertes. ¿Crees que serán rígidos?

7 Las varillas de cocina son un instrumento que sirve para batir huevos. Muchas de estas varillas están hechas de acero, ¿qué tipo de cuerpo crees que es el acero?

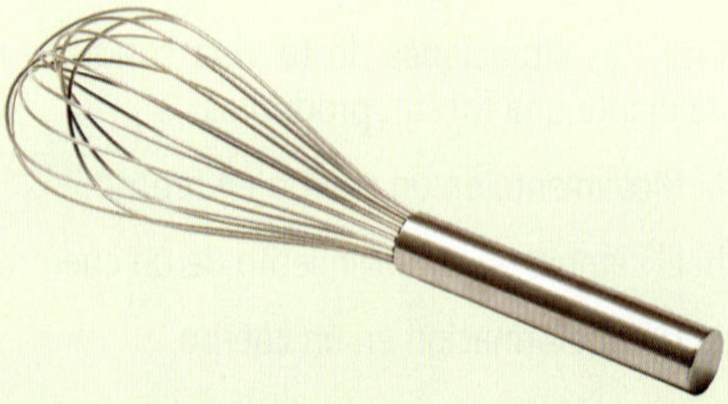

8 Clasifica los siguientes cuerpos en plásticos o elásticos:

Una goma de borrar; un chicle; crema pastelera; una cinta para el pelo; un muelle del mecanismo de un bolígrafo; una masa para hacer galletas.

03 Deformaciones en un cuerpo elástico

Un cuerpo elástico se deforma mientras actúa una fuerza sobre él y recupera su forma inicial cuando la fuerza cesa, pero ¿cómo se produce esa deformación?

¿Cómo se deforma un muelle?

A Cuelga un muelle de un soporte y mide su longitud inicial, x_0.

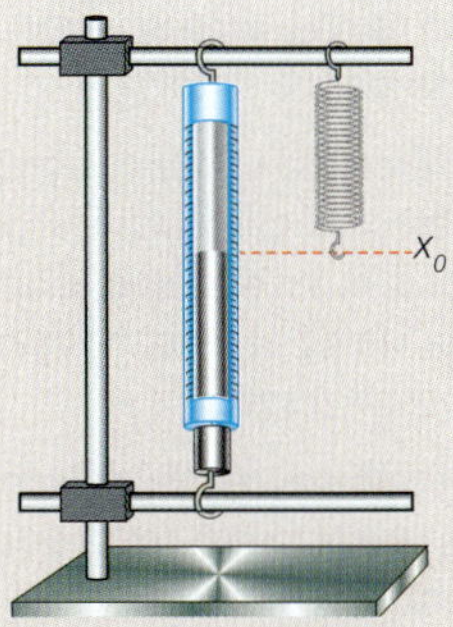

B Suspende del muelle una pesa y mide la longitud del muelle, x_1. Su alargamiento, x, es:

$$x = x_1 - x_0$$

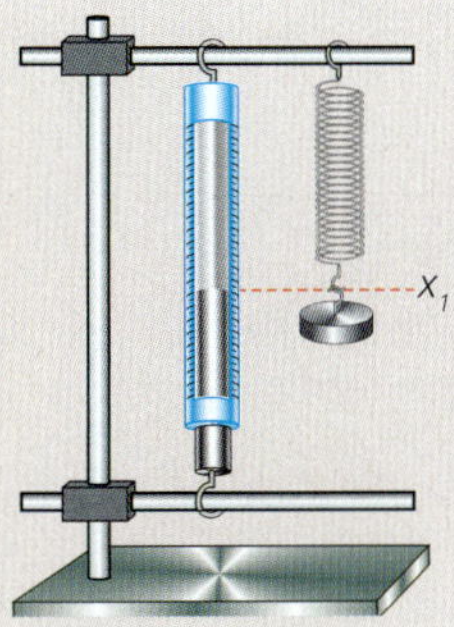

C Añade una segunda pesa igual a la anterior, y mide de nuevo el alargamiento x:

$$x = x_2 - x_0$$

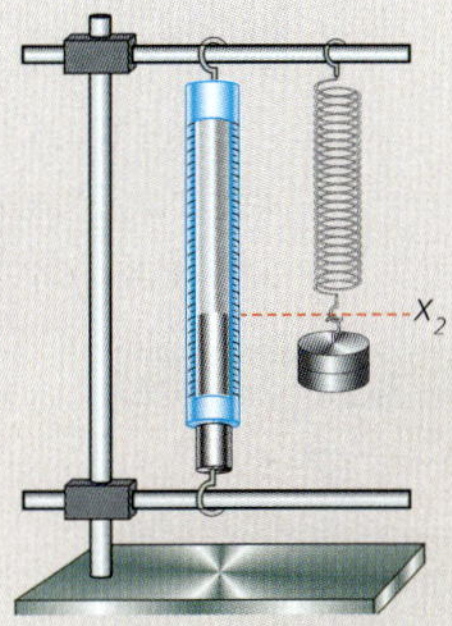

D Añade sucesivamente pesas iguales. Calcula los alargamientos del muelle con cada pesa añadida.

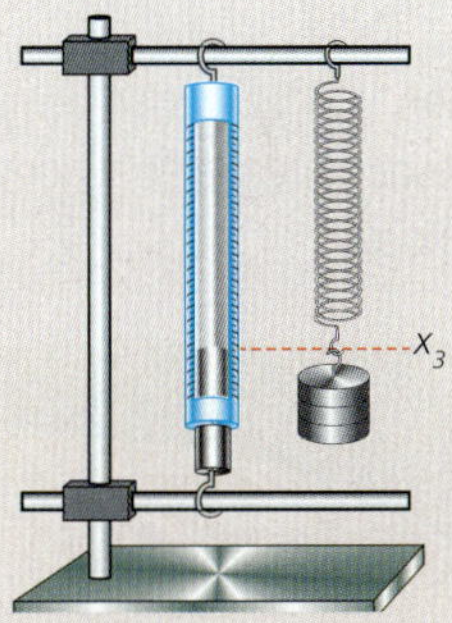

A partir de estos experimentos, Hooke enunció su ley:

Según la **ley de Hooke**, el alargamiento de un muelle es directamente proporcional a la fuerza que lo produce:

$$F = k \cdot x$$

Donde F es la fuerza aplicada, expresada en N; x es el alargamiento producido, expresado en m, y k es la **constante recuperadora del muelle**, que se mide en N/m y que depende del muelle utilizado.

Observa

Si se aplica el doble de peso sobre el muelle, se duplica el alargamiento; si suspendemos el triple de peso, el alargamiento es el triple, y así sucesivamente.

Dinamómetro y deformación

El **dinamómetro** es un aparato que sirve para medir fuerzas y para pesar cuerpos. Su funcionamiento se basa en el alargamiento que sufre un muelle cuando se cuelga de él un objeto de una determinada masa.

Consta de un muelle alojado dentro de un cilindro, que lleva impresa una escala para medir la fuerza, en N.

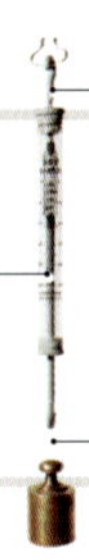

Tiene dos ganchos:

- El superior se utiliza para colgar el dinamómetro de un lugar seguro.
- El inferior sirve para colgar los pesos o ejercer las fuerzas a medir.

ACTIVIDADES

9 Un dinamómetro se alarga 4 cm cuando se cuelga de él un peso de 5 N, ¿cuál es la constante recuperadora de su muelle?

10 Tenemos un muelle cuya constante recuperadora es de 150 N/m, ¿cuánto se alargará si se suspende de él un peso de 3 N?

04 El movimiento

Para poder definir el movimiento, necesitamos elegir un cuerpo o un lugar que consideraremos como fijo. Este cuerpo o lugar se llama **sistema de referencia** y el cuerpo que se mueve se denomina **móvil.**

Cuando un cuerpo se mueve, cambia de lugar o de posición respecto al sistema de referencia elegido.

> Un **movimiento** es un cambio de posición de un cuerpo a lo largo del tiempo respecto al sistema de referencia, que se considera fijo.

Para estudiar el movimiento es necesario conocer algunos conceptos:

Posición, ***x***: localización del móvil en el espacio respecto al punto de referencia.

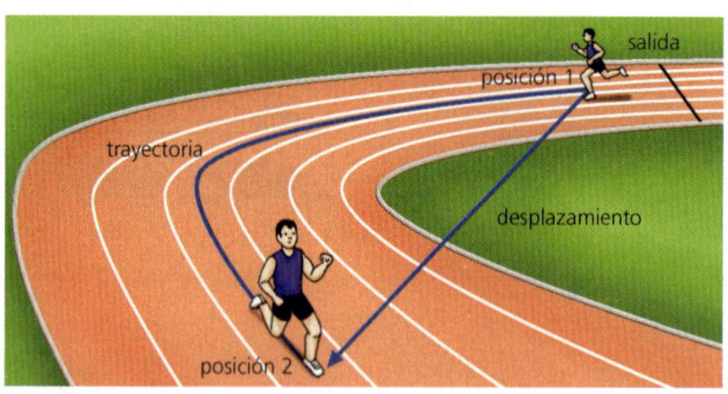

Trayectoria: línea imaginaria que une las posiciones que recorre el móvil.

Espacio recorrido, ***s***: distancia recorrida por el móvil sobre la trayectoria.

Desplazamiento: distancia en línea recta entre dos posiciones del móvil.

04.1 Velocidad

La velocidad es una magnitud física que nos indica la rapidez con la que se mueve un cuerpo. Así, el corredor que llegue antes a la meta es el más rápido, el que mayor velocidad lleva.

De esta forma, la velocidad es la relación entre el espacio que recorre un móvil y el tiempo que emplea en recorrerlo.

> La **velocidad**, v, es el espacio recorrido, s, por el móvil entre el tiempo, t, que ha empleado en hacerlo:
>
> $$v = \frac{s}{t}$$

Esta velocidad recibe el nombre de **velocidad media.**

La unidad de velocidad en el Sistema Internacional es el metro por segundo (m/s), aunque en la práctica se usa más el kilómetro por hora (km/h).

Recuerda

La **cinemática** es la parte de la física que estudia el movimiento de los cuerpos sin tener en cuenta las causas que lo originan.

Movimiento, referencia y trayectoria

El movimiento de un cuerpo depende del sistema de referencia que elijamos.

Si estamos dentro de un tren parado en la estación, parecerá que estamos quietos respecto al andén. Sin embargo, si otro tren circula por la vía de al lado, nos parecerá que nos movemos respecto a él.

El tipo movimiento también depende de la trayectoria. Si esa trayectoria es recta, se trata de un **movimiento rectilíneo**, pero si es curva, se tratará de un **movimiento circular**.

Aceleración

La velocidad de un móvil puede cambiar, por ejemplo, al arrancar o al frenar. El cambio de velocidad en cada unidad de tiempo se llama **aceleración:**

$$a = \frac{v_{final} - v_{inicial}}{t}$$

Su unidad es el m/s^2.

04.2 Representaciones gráficas

Las gráficas posición-tiempo y velocidad-tiempo sirven para representar la posición que ocupa un móvil respecto a un sistema de referencia. También se utilizan para representar su velocidad a lo largo del tiempo.

Si consideramos que el móvil describe una línea recta, se utilizan dos gráficas:

Gráfica posición-tiempo

Indica la posición del móvil en cada instante.

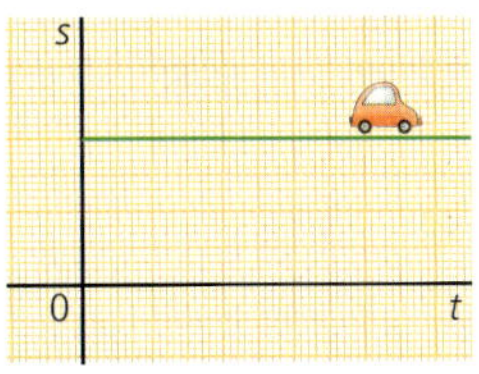

La distancia, *s*, del móvil al origen es siempre la misma a lo largo del tiempo, *t*, lo que significa que el móvil está en reposo.

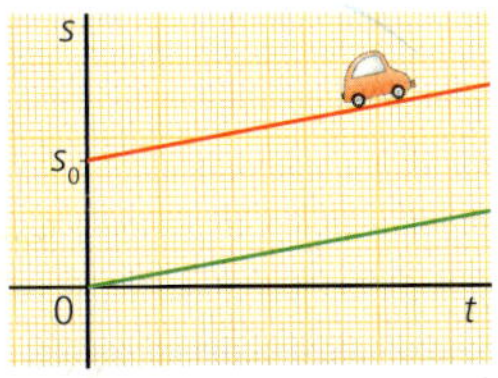

La distancia, *s*, aumenta uniformemente con el tiempo, *t*. En la recta verde, el móvil sale desde el origen, 0, pero en la roja el móvil empieza a moverse a una distancia s_0 del origen.

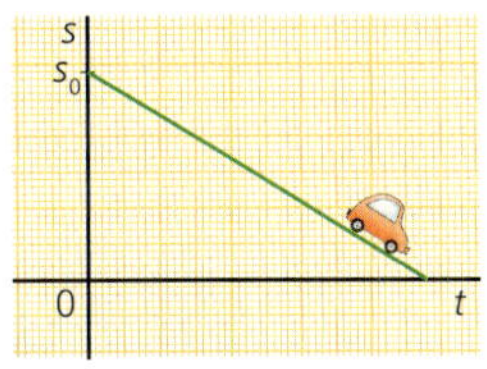

La distancia al origen, 0, disminuye con el tiempo. Por tanto, el móvil se acerca al origen de referencia.

Gráfica velocidad-tiempo

Indica la velocidad del móvil en cada instante.

La velocidad, *v*, no varía con el tiempo, *t*.

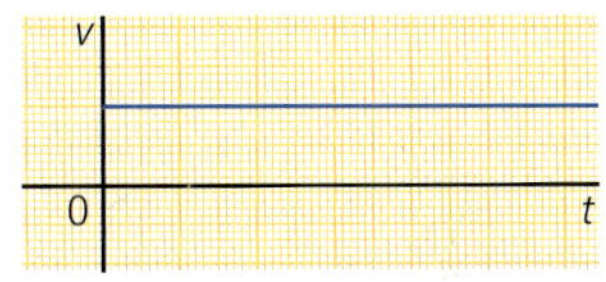

La velocidad, *v*, aumenta uniformemente según transcurre el tiempo, *t*.

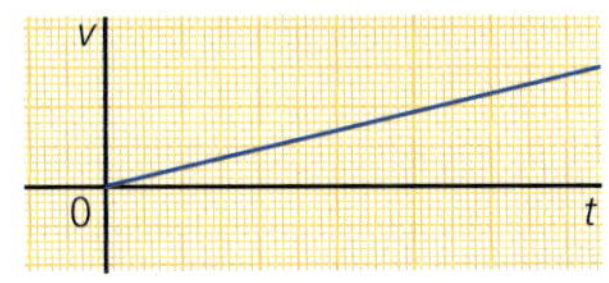

ACTIVIDADES

EJEMPLO

11 Al finalizar un viaje de 3,5 horas, lees en el cuentakilómetros que el coche ha recorrido 280 km.

a. ¿Cuál ha sido su velocidad media?

b. Dibuja las gráficas posición-tiempo y velocidad-tiempo.

a. Se recopilan los datos y se expresan en el SI:

$$s = 280\,000 \text{ m}; \; t = 3{,}5 \text{ h} \cdot \frac{3\,600 \text{ s}}{1 \text{ h}} = 12\,600 \text{ s}$$

Se sustituyen los valores en la fórmula de la velocidad:

$$v = \frac{s}{t} = \frac{280\,000 \text{ m}}{12\,600 \text{ s}} = 22{,}2 \text{ m/s}$$

b. Se representan las gráficas:

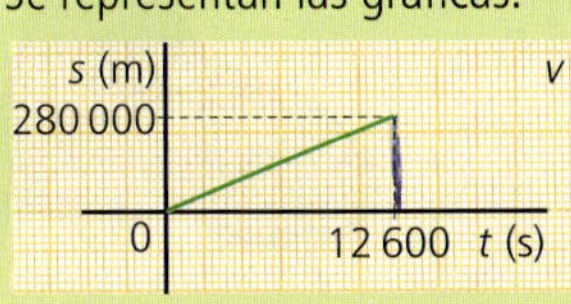

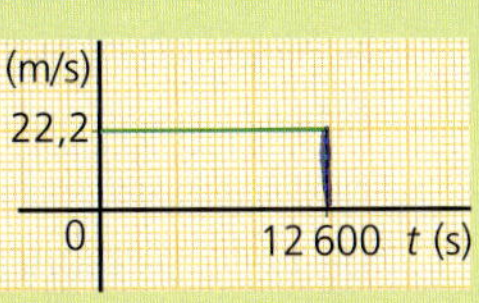

12 Un movimiento rectilíneo y uniforme es aquel que sigue una trayectoria rectilínea a velocidad constante. El sonido tiene este tipo de movimiento y su velocidad en el aire es de 340 m/s. Calcula la distancia que recorre el sonido en 5 minutos.

13 ¿Qué velocidad media lleva una avioneta si recorre 3 000 m en 1 minuto? Expresa el resultado en el SI y en km/h.

14 Un caballo se mueve a una velocidad de 20 m/s, ¿qué distancia recorrerá en una carrera de 50 s?

15 Observa la siguiente gráfica y contesta, ¿cuál es la velocidad del móvil? ¿Cuál es la posición del móvil a los 25 s?

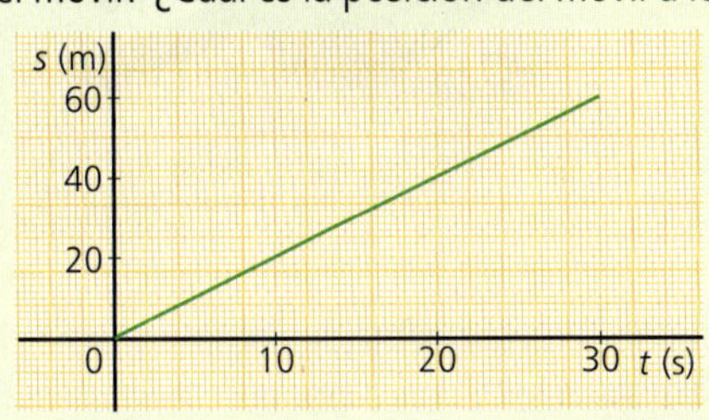

05 El rozamiento

Cuando caminamos sobre el hielo nos podemos resbalar y caer, pero en un suelo de tierra no corremos ese riesgo. ¿Por qué sucede esto?

Cuando dos cuerpos en contacto se desplazan uno sobre el otro o intentan hacerlo, sus superficies rozan y se produce una fuerza que se opone al movimiento, llamada fuerza de rozamiento.

Si observamos las superficies al microscopio apreciamos que no son lisas, tienen rugosidades que se enganchan unas con otras cuando se pretende desplazar un cuerpo sobre otro.

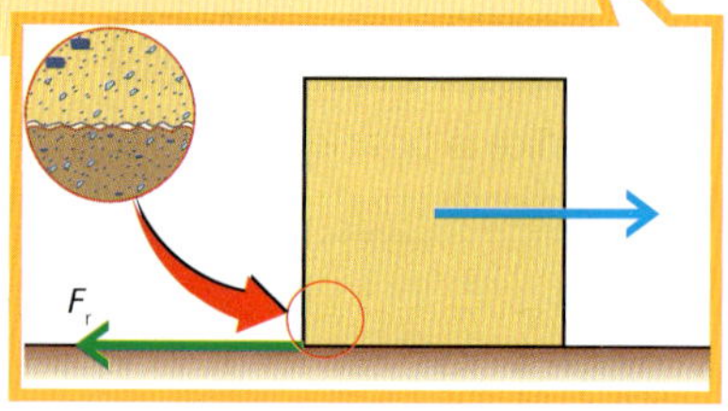

Una **fuerza de rozamiento**, F_r, es una fuerza opuesta al movimiento, que se produce por la interacción entre las superficies en contacto de dos cuerpos.

La fuerza de rozamiento depende de dos factores:

De la rugosidad de las superficies

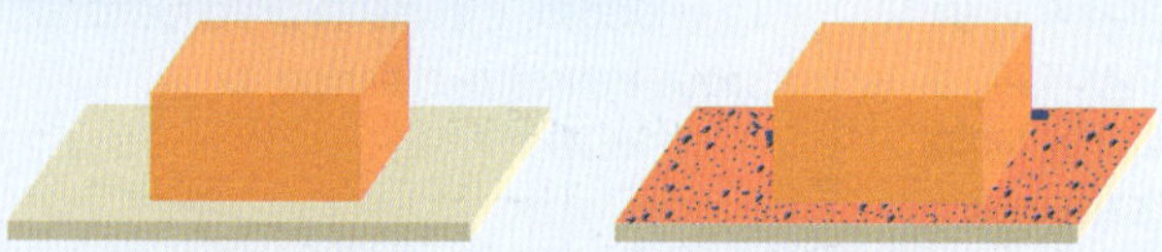

Superficie más lisa

Superficie más rugosa

A igual peso del cuerpo apoyado, cuanto más rugosas son las superficies, mayor es la fuerza de rozamiento entre ellas.

Del peso del cuerpo apoyado

Cuerpo menos pesado

Cuerpo más pesado

A igual rugosidad de las superficies, cuanto mayor es el peso del cuerpo apoyado, mayor es la fuerza de rozamiento entre ellas.

ACTIVIDADES

EJEMPLO

16 ¿Se podría andar si no hubiera rozamiento?

Al caminar empujamos el suelo hacia atrás y este nos empuja hacia delante. Si no hubiera rozamiento, no podríamos *engancharnos* al suelo, no haríamos fuerza sobre él y, por tanto, el suelo no nos impulsaría hacia delante.

17 ¿Dónde te deslizas mejor, sobre un suelo de baldosas o sobre el hielo? Explica por qué.

18 ¿Por qué los fabricantes de vehículos recomiendan vigilar el dibujo de los neumáticos y cambiar las cubiertas cada cierto número de kilómetros recorridos?

19 Sobre una superficie de mármol se encuentran dos cajas de madera: una de 5 kg y la otra de 25 kg. ¿Cuál de las dos presentará mayor fuerza de rozamiento al deslizarse sobre el mármol?

20 Los crampones son unos accesorios de metal que usan los montañeros para andar por la nieve o el hielo. ¿Cuál es su finalidad? ¿Por qué crees que los patines de pista de hielo se fabrican con una cuchilla en la suela?

06 Las fuerzas en la naturaleza

En el universo operan diferentes fuerzas. Entenderlas nos sirve para comprender el origen del propio universo y su evolución. Estudiaremos la fuerza gravitatoria, la fuerza eléctrica y la fuerza magnética.

Modelo de la gran explosión

En el momento de crearse el universo existía una única fuerza, que dio lugar a las fuerzas fundamentales de la naturaleza.

El universo

El universo surgió hace unos 13 700 millones de años a partir del *big bang*. Todo el universo estaba concentrado en un único punto que hizo explosión. En ese momento, la materia salió impulsada hacia todas direcciones a gran velocidad y a una enorme temperatura.

En medio de este caos, se produjeron multitud de choques que concentraron la materia y, a medida que descendía la temperatura, se fueron formando las primeras estrellas y galaxias.

Actualmente, la materia del universo se agrupa en distintas estructuras.

Galaxias: son agrupaciones de estrellas, polvo, gas y materia oscura. Cada galaxia puede contener billones de estrellas y se conocen más de 100 000 millones de galaxias. Nuestra galaxia es la **Vía Láctea**.

Cúmulos de galaxias: son conjuntos de galaxias envueltos en gas caliente. La Vía Láctea pertenece a un cúmulo de galaxias formado por veinticinco galaxias que recibe el nombre de **Grupo Local**.

Estructuras menores: son los cuerpos celestes más pequeños, como los planetas y estrellas. Por ejemplo, nuestro **sistema solar**.

Supercúmulos de galaxias: son conjuntos de cúmulos de galaxias. El Grupo Local forma parte del **Supercúmulo de Virgo**.

Las distancias entre los cuerpos celestes son tan grandes que se tienen que medir utilizando unidades mucho mayores que el metro. De esta forma, se emplean estas unidades:

- La **unidad astronómica (ua)**, que es la distancia media entre la Tierra y el Sol, y equivale a 149 597 870 700 m. Se utiliza para medir distancias dentro del sistema solar.
- El **año-luz**, es la distancia que recorre un rayo de luz en el vacío durante un año y equivale a 9 460 000 000 000 000 m. Se utiliza para medir las distancias entre galaxias y cúmulos.

07 La fuerza gravitatoria

Según una de sus primeras biografías, Isaac Newton descubrió la gravedad cuando, estando sentado bajo un árbol, le cayó una manzana en la cabeza.

A partir de esta observación, Newton pensó que la manzana caía porque la Tierra ejercía una fuerza de atracción sobre ella, la fuerza de la gravedad.

La **fuerza de la gravedad** presenta las siguientes características:

Es una fuerza a **distancia:** para que la fuerza exista, no hace falta que los cuerpos tengan contacto físico entre sí.
Es una fuerza **atractiva:** dos cuerpos se atraen solo por el hecho de tener masa.
Es una fuerza **muy débil:** solamente se aprecia cuando al menos uno de los cuerpos tiene una masa muy grande.
Depende de la masa de los cuerpos: resulta mayor cuanto mayor sea la masa de los cuerpos. Es directamente **proporcional** al producto de las **masas de los cuerpos.**
Depende de la distancia entre los cuerpos: resulta menor cuanto más alejados están los cuerpos entre sí. Es **inversamente proporcional** al cuadrado de la **distancia** entre los cuerpos.
Es **universal:** afecta a todos los cuerpos del universo.

Isaac Newton (1642-1727)

Científico inglés y gran investigador que descubrió la ley de gravitación y las leyes que rigen el movimiento de los cuerpos.

Cuando la masa de uno de los cuerpos se hace el doble, la fuerza se duplica.

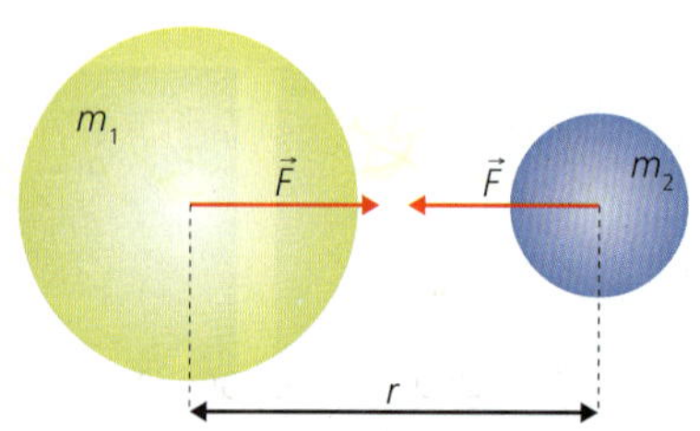

Cuando la distancia entre los cuerpos se duplica, la fuerza pasa a ser la cuarta parte.

Newton estudió el movimiento de los cuerpos celestes y llegó a la conclusión de que la misma fuerza gravitatoria que atrae a un cuerpo y lo hace caer hacia la superficie terrestre, hace girar a la Luna alrededor de la Tierra y a la Tierra alrededor del Sol. Por tanto, la física celeste y la terrestre se comportaban conforme a una misma **ley universal.**

Por ello, la gravedad nos sirve para explicar el orden de la materia en el universo. Fue la fuerza de la gravedad lo que hizo que la materia se agrupase formando tanto los astros más simples como los gigantescos cúmulos y supercúmulos de galaxias.

También nos ayuda a entender el movimiento dentro del universo: los satélites giran alrededor de sus planetas, los planetas lo hacen alrededor de sus estrellas y las galaxias giran unas alrededor de otras.

La causa del **orden del universo** es la fuerza de la gravedad.

Recuerda

En su giro, la Luna está *cayendo* alrededor de la Tierra. Es como un proyectil girando alrededor de nuestro planeta debido a la fuerza de la gravedad.

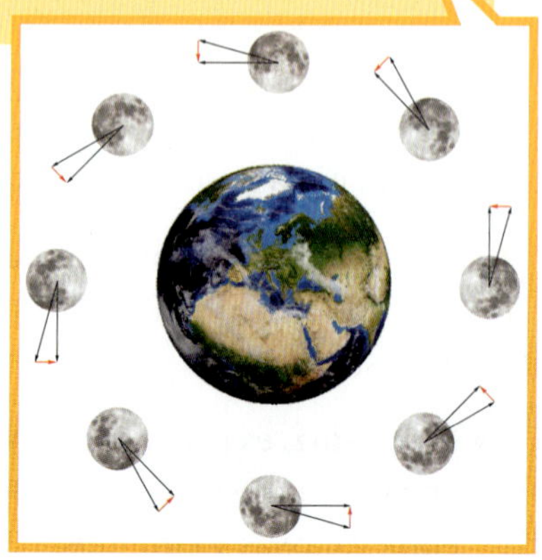

Masa y peso

Al subir a una báscula para pesarnos, solemos confundir dos magnitudes muy diferentes: la masa y el peso.

La **masa** m es la cantidad de materia que tiene un cuerpo.

El **peso** P es la fuerza con que la Tierra atrae a un cuerpo.

El peso de un cuerpo se calcula mediante la expresión:

$$P = m \cdot g$$

Donde P es el peso expresado en N, m es la masa expresada en kg y g es la aceleración que provoca la fuerza de atracción gravitatoria sobre las masas, cuyo valor en la Tierra es 9,8 m/s^2.

DIFERENCIAS ENTRE MASA Y PESO	
Masa	**Peso**
• Es una unidad básica. • Es invariable, no cambia en función del lugar del universo donde se encuentre el cuerpo. • Su unidad en el SI es el kilogramo, kg. • Se mide con una balanza.	• Es una unidad derivada. • Es variable, depende de la gravedad del lugar donde se mide. • Su unidad en el SI es el newton, N. • Se mide con un dinamómetro.

El peso depende de la aceleración de la gravedad del lugar de medición.

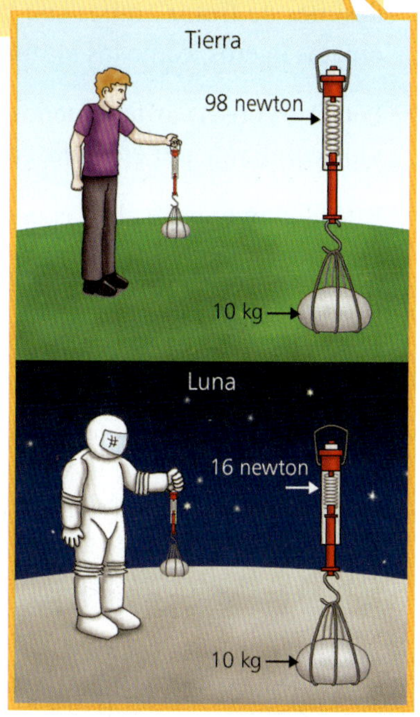

ACTIVIDADES

EJEMPLO

21 Calcula el peso, en la Tierra y en la Luna, de un astronauta de 80 kg de masa partiendo de estos datos:

$g_{\text{Tierra}} = 9{,}8$ m/s^2; $g_{\text{Luna}} = 1{,}6$ m/s^2.

[1] Se calcula el peso a partir de la expresión:

$$P = m \cdot g$$

[2] Se sustituyen los datos en cada lugar, Tierra y Luna:

- En la Tierra: $P = 80 \text{ kg} \cdot 9{,}8 \text{ m/s}^2 = 784 \text{ N}$
- En la Luna: $P = 80 \text{ kg} \cdot 1{,}6 \text{ m/s}^2 = 128 \text{ N}$

22 Mercurio es el planeta más próximo al Sol. Su distancia a nuestra estrella es de 0,39 ua. Expresa, en km, esa distancia. Datos: 1 ua = 150 000 000 km.

23 Sabiendo que la velocidad de la luz en el vacío es $c = 300\,000$ km/s y aplicando la definición de velocidad, calcula la distancia, en km, que corresponde a un año luz.

EJEMPLO

24 Una nave espacial tiene un peso de 11 760 N en la Tierra.

a. ¿Cuál es el valor de su masa?

b. ¿Cuánto pesará si se posa en la superficie del planeta Venus? Datos: $g_{\text{Tierra}} = 9{,}8$ m/s^2; $g_{\text{Venus}} = 8{,}87$ m/s^2

a. Se calcula la masa a partir de la expresión $P = m \cdot g$

$$m = \frac{P}{g_{\text{Tierra}}} = \frac{11\,760 \text{ N}}{9{,}8 \text{m/s}^2} = 1\,200 \text{ kg}$$

b. Se calcula el peso en Venus:

$$P = m \cdot g_{\text{Venus}} = 1\,200 \text{ kg} \cdot 8{,}87 \text{ m/s}^2 = 10\,644 \text{ N}$$

25 Quizá hayas visto algún video en el que aparecen seres humanos en la Luna, ¿por qué crees que los astronautas caminaban dando saltos?

26 ¿Cuánto pesará una nave espacial de 200 kg posada en la superficie marciana? Datos: $g_{\text{Marte}} = 3{,}7$ m/s^2.

08 Los fenómenos eléctricos

El ámbar es una resina vegetal fosilizada.

Alrededor del año 600 a. C., el filósofo griego Tales de Mileto descubrió que, después de frotar ámbar con lana de oveja, este era capaz de atraer algunos objetos ligeros, como las plumas de las aves.

Podemos observar fenómenos de este tipo en muchos momentos de nuestra vida cotidiana, por ejemplo, cuando frotamos un globo o nos peinamos.

Estos fenómenos reciben el nombre de **fenómenos electrostáticos**.

Cómo electrizar un bolígrafo

Ata con un hilo la funda de un bolígrafo y cuélgala de un soporte, como si fuese un péndulo.

Coge otra funda igual y frótala con un jersey de lana.

1 Acerca la segunda funda al péndulo, sin tocarlo.

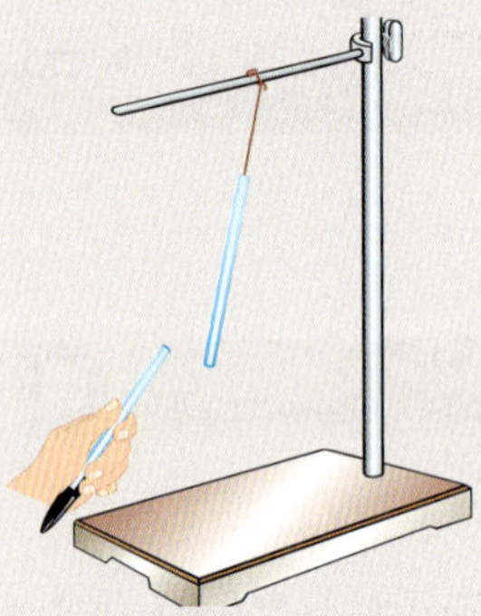

Las dos fundas se atraen.

2 Haz que se toquen las dos fundas y luego sepáralas.

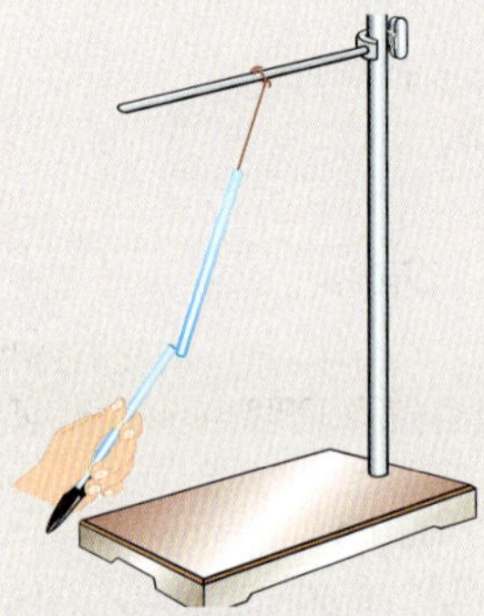

Las dos fundas se transfieren carga.

3 Frota de nuevo la segunda funda y acércala al péndulo.

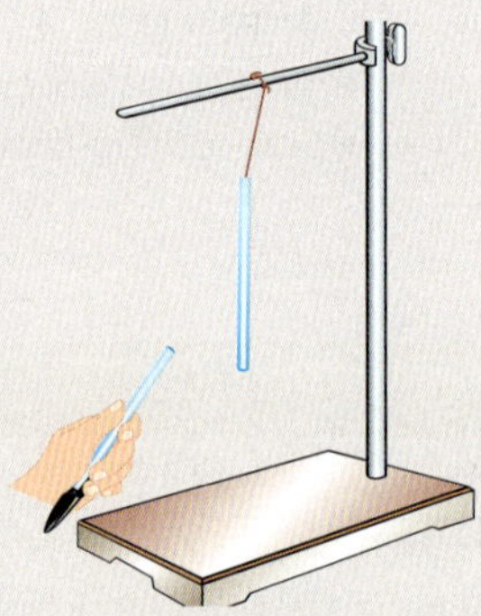

Las dos fundas se repelen.

4 Frota una varilla de vidrio con un paño de seda y acércala al péndulo.

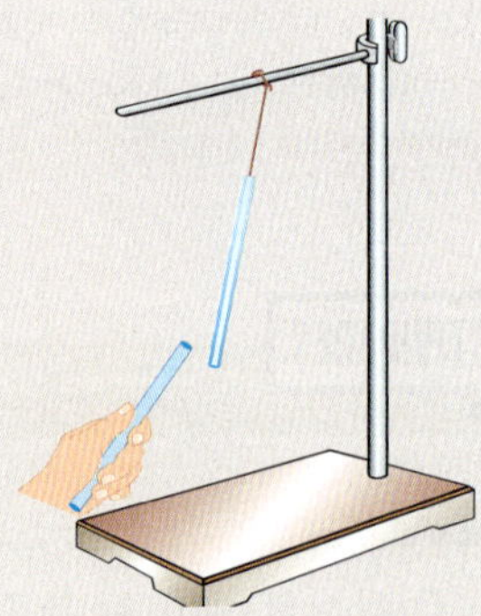

La varilla y la funda de bolígrafo se atraen.

Observamos que entre algunos cuerpos se producen fenómenos de atracción y de repulsión. La causa de estos fenómenos es la carga eléctrica.

La **carga eléctrica** es una propiedad de la materia relacionada con la proporción que existe entre los protones y electrones de sus átomos. Existen dos tipos de carga:

Carga eléctrica positiva

Se produce cuando los átomos pierden algunos de sus electrones.

Carga eléctrica negativa

Se produce cuando los átomos ganan algunos electrones.

Cuando los átomos que forman la materia tienen el mismo número de electrones que de protones, se dice que esta es **neutra**, pues carece de carga.

Por convenio, a la funda del bolígrafo frotada con lana se le asigna carga negativa y a la varilla de vidrio frotada con la seda, positiva.

Recuerda

La unidad de carga eléctrica en el SI es el culombio (C), que equivale al valor absoluto de la carga de $6{,}24 \cdot 10^{18}$ electrones.

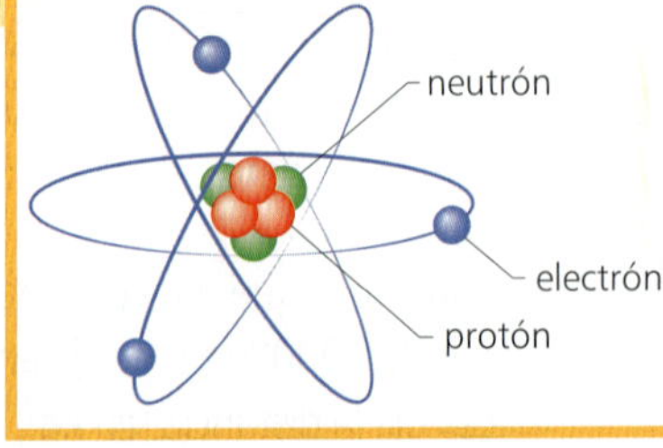

08.1 Fuerzas entre cargas

Los fenómenos de atracción y de repulsión demuestran que las cargas eléctricas generan fuerzas, que se comportan de acuerdo con las siguientes características:

Son fuerzas **a distancia:** para que la fuerza exista, no hace falta que los cuerpos tengan contacto entre sí.
Son **atractivas** y **repulsivas:** dos cuerpos se atraen o se repelen solo por el hecho de tener carga.
Depende de la carga de los cuerpos: son **proporcionales** al producto de las **cargas eléctricas** que intervienen.
Dependen de la distancia entre los cuerpos: son **inversamente proporcionales** al cuadrado de la **distancia** entre las cargas.
Dependen del tipo de carga: • las cargas de igual signo se repelen. • las cargas de distinto signo se atraen.

08.2 Métodos de electrización

Un cuerpo puede acumular carga eléctrica de tres formas diferentes:

1 Por frotamiento

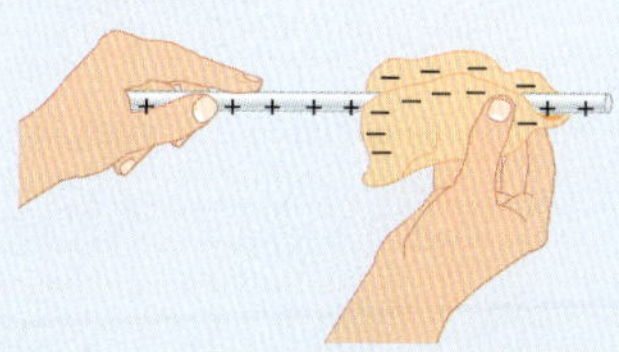

Si se frotan dos cuerpos neutros, uno arranca electrones al otro y ambos se cargan eléctricamente con cargas de distinto signo.

2 Por contacto

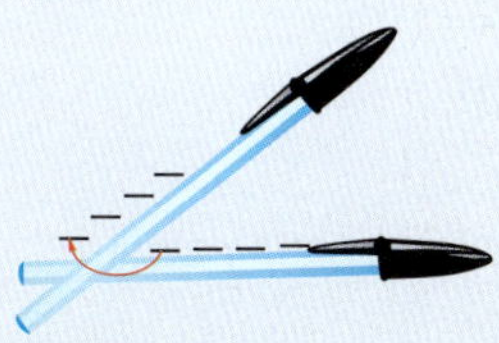

Si un cuerpo cargado eléctricamente toca a otro neutro, la carga se distribuye entre ambos y los dos quedan cargados con cargas del mismo signo.

3 Por inducción

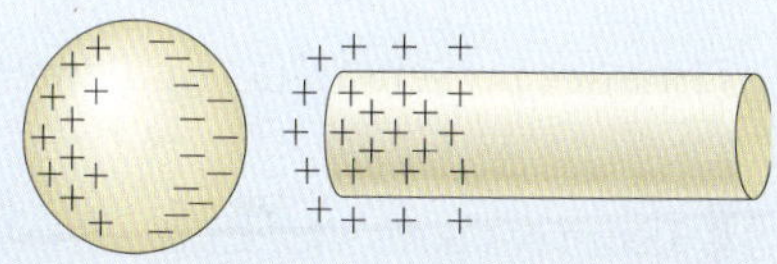

Cuando un cuerpo cargado se acerca a otro sin tocarlo, atrae hacia la superficie de este a las cargas de signo opuesto. Es decir, induce una separación de cargas en su interior.

ACTIVIDADES

EJEMPLO

27 En el experimento de la página anterior, ¿cómo se ha producido la transferencia de carga?

1. En el primer paso la segunda funda se carga negativamente al frotarla con el paño de lana (por frotamiento).
2. En el segundo y tercer pasos, cuando la segunda funda le traspasa parte de su carga (por contacto). Ambas se cargan negativamente y se repelen.
3. En el cuarto paso la varilla de vidrio tiene carga positiva y atrae a la funda de plástico colgada del péndulo, que ahora presenta carga negativa (por inducción).

28 Cita algunos efectos electrostáticos cotidianos.

29 Un electroscopio es un instrumento que indica si un cuerpo está cargado o no. Consta de una varilla metálica de la que están suspendidas dos laminillas muy finas de un metal y que están insertadas en una botella de vidrio. Razona qué les sucederá a las laminillas en cada uno de estos casos:

a. Al acercar una varilla cargada positivamente al electroscopio, sin tocarlo.

b. Al alejar la misma varilla.

c. Al tocar el electroscopio con la varilla.

d. Al tocar con la mano el electroscopio.

09 Los fenómenos magnéticos

Los fenómenos magnéticos ya eran conocidos por los antiguos griegos. En la ciudad de Magnesia, en Grecia, observaron que algunos minerales eran capaces de atraer a los objetos de hierro y estos, a su vez, atraían después a otros.

Magnetita

La magnetita es un mineral que contiene hierro y es capaz de atraer objetos de hierro, cobalto o níquel.

09.1 Imanes

Los imanes son materiales con propiedades magnéticas. Pueden atraer al hierro y atraer o repeler a otro imán. Los imanes pueden ser de dos tipos:

Naturales

Son los que existen en la naturaleza y no están fabricados por el ser humano.

Por ejemplo, la piedra imán o magnetita.

Artificiales

Son los que se obtienen gracias a la manipulación humana.

Al frotar con magnetita un trozo de hierro, este adquiere propiedades magnéticas que perduran durante mucho tiempo.

Los imanes presentan las siguientes propiedades:

1. Tienen dos polos situados en sus extremos, uno es el polo norte y otro es el polo sur.
2. En los polos el magnetismo es máximo. Sin embargo, en la parte central casi no se manifiestan propiedades magnéticas y se dice que es neutra.
3. Los polos de un imán no se pueden separar; si se parte un imán por la mitad, vuelven a aparecer los dos polos en cada una de las mitades y lo mismo sucede si se continúa dividiendo el nuevo imán.
4. Los imanes atraen sustancias como el hierro, cobalto, níquel y a aquellas otras que contengan alguna de las anteriores.
5. Dos imanes experimentan entre sí fuerzas de atracción y de repulsión.
6. Al acercar dos imanes por sus polos se observa que, si los polos son distintos los imanes se atraen, y si son iguales se repelen.

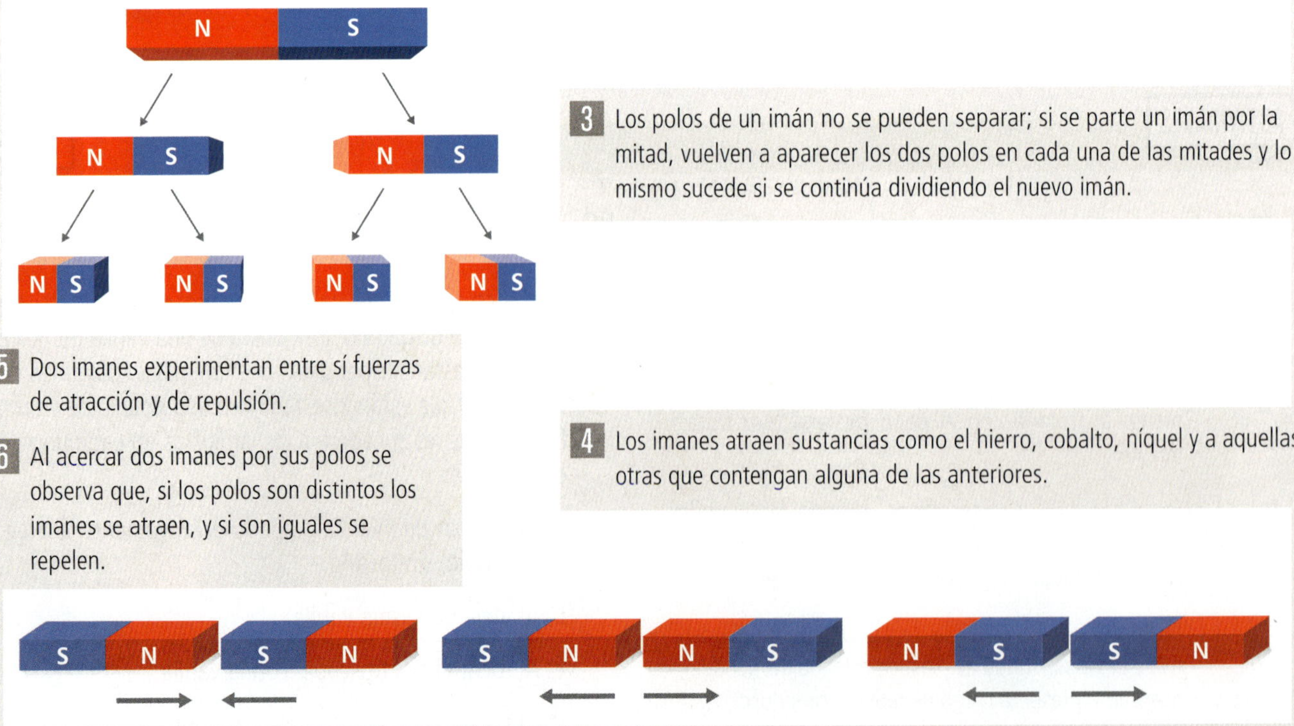

09.2 Campo magnético

Un imán forma alrededor de sí un **campo magnético**, que es la zona del espacio donde sus fuerzas se manifiestan.

Un campo magnético se representa mediante unas líneas, llamadas líneas de **campo**, que salen del polo norte del imán y entran en su polo sur. Para comprobar la existencia de estas líneas, puedes realizar este experimento:

Pintando las líneas de campo magnético

1. Sitúa un folio sobre una mesa.
2. Coloca un imán debajo del folio.
3. Añade, poco a poco, limaduras de hierro sobre el folio.
4. Observa cómo se ordenan las limaduras.

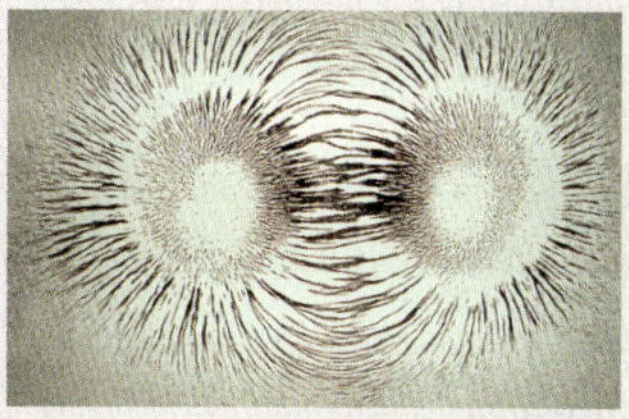

Campo magnético terrestre

La Tierra tiene también propiedades magnéticas. Para demostrarlo, observa:

Fabricación de una brújula

1. Frota varias veces la punta de una aguja con el polo norte de un imán. La aguja queda imantada.
2. Ata un hilo al centro de la aguja y suspéndela en el aire.
3. La aguja se orienta por sí sola, de forma que su punta siempre señala hacia el polo sur magnético (norte terrestre).

En la Tierra, el polo sur magnético se localiza cerca del polo norte geográfico, algo desviado respecto a este último.

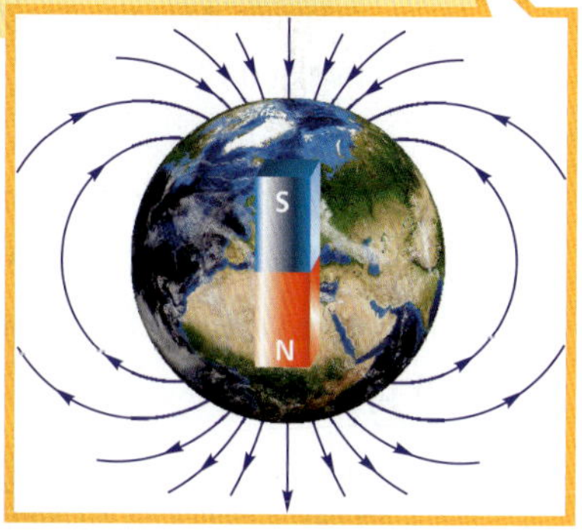

Este experimento demuestra que la Tierra se comporta como un imán.

El campo magnético terrestre:

- Nos protege del viento solar (emanaciones solares de partículas cargadas y muy energéticas).
- Desvía la mayor parte de la radiación que proviene del Sol y evita que choque con la atmósfera y con la superficie de la Tierra.
- Cuando los vientos solares son de gran intensidad, algunas partículas penetran hasta la capa alta de la atmósfera, la ionosfera. Allí chocan con los átomos del aire y producen auroras boreales.

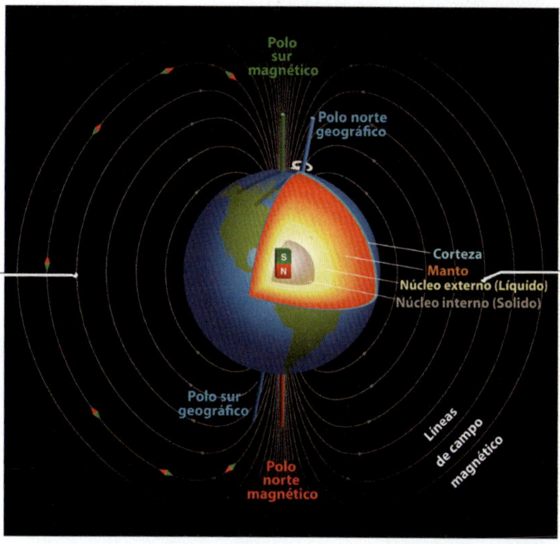

El campo magnético de la Tierra se genera por el movimiento de los metales fundidos que hay en su núcleo externo.

TÉCNICA DE TRABAJO

Levitación electrostática

Planteamiento

En objetos muy ligeros, la repulsión electrostática es capaz de contrarrestar la atracción gravitatoria. El efecto se conoce con el nombre de levitación de Van der Graaff.

Materiales

- Una bolsa de plástico muy fina.
- Un globo inflado, una tabla de poliestireno o un tubo de PVC.
- Cinta adhesiva y tijeras.
- Una prenda de lana.

Experimento

En la descripción, solo nos vamos a referir al globo. Las instrucciones son similares en el caso del tubo de PVC o de la tabla de poliestireno. Solo hay que tener en cuenta que el tubo presenta una superficie «repulsiva» menor. Por tanto, la tira de plástico tendrá que ser más ligera (más pequeña y delgada).

1 Carga eléctricamente el plástico y el globo

- Recorta en la bolsa una tira de 3 cm de grosor y 40 cm de largo. En la medida de lo posible, evita las zonas de la bolsa con letras o figuras impresas. Con la cinta adhesiva, pega los extremos de la tira para formar un aro.

- Para cargar eléctricamente la tira de plástico, aplástala sobre una superficie lisa y frótala con la prenda de lana una decena de veces, siempre en la misma dirección.
- Carga el globo frotándolo contra la misma prenda de lana.

2 Produce la levitación

- Sujeta con una mano el globo y con la otra, la tira de plástico. Deja caer esta última sobre el globo con un movimiento brusco de la muñeca, para que no se quede pegada a tus dedos. Verás que la repulsión electrostática la mantiene suspendida en el aire. Para que no caiga, mantén el globo siempre debajo.

3 Amplía tus observaciones

- Sustituye la prenda de lana por otra de algodón. ¿Funciona mejor?
- ¿Obtienes un resultado diferente si cambias el material de la superficie sobre la que frotas la tira de plástico para cargarla? ¿Cuál facilita más la electrificación?

Recomendaciones

- Ten en cuenta que la humedad ambiente afecta negativamente los experimentos electrostáticos. Cuanto más seco esté el aire, como en una habitación con fuerte calefacción en invierno, mejor.
- Si la tira de plástico no se comporta del modo esperado, aplástala y frótala de nuevo con la prenda de lana, por las dos caras.

¡Observa un vídeo del experimento!

PRACTICA TÚ

1. La tira y el globo se cargan, ¿positiva o negativamente? ¿Por qué?
2. Dibuja un diagrama con las fuerzas que actúan sobre la tira. ¿Cuál de ellas es mayor o menor en cada momento de su trayectoria?
3. Si acercas la mano a la cinta cuando esta se aparta del globo, ¿la atraes o la repeles? ¿Por qué?

FÍSICA Y QUÍMICA Y...

Cómic

En 1963, el guionista Stan Lee y el dibujante Jack Kirby crearon *La patrulla X*, una serie mensual de cómics que gozaría de una enorme popularidad. Sus personajes principales son adolescentes que han adquirido poderes extraordinarios gracias a una mutación genética. Ya en el primer número se enfrentaban a Magneto, «el supervillano más poderoso de la Tierra».

Magneto se presenta como «amo del magnetismo» y, para demostrarlo, controla cualquier objeto sensible a esta fuerza, desde una bala hasta un avión, sin necesidad de tocarlos. Aunque suene impresionante, Stan Lee se quedó muy corto a la hora de imaginar las habilidades de Magneto. Desde finales del siglo XIX se sabe que no existen fenómenos eléctricos o magnéticos independientes. Las fuerzas eléctricas y magnéticas son dos caras de la misma moneda: el electromagnetismo.

Esta interacción es responsable de casi todo lo que percibimos. Pondría al servicio de Magneto prácticamente toda la materia y también la luz. Solo se le resistirían la gravedad y las fuerzas nucleares.

El actor de origen alemán Michael Fassbender caracterizado como Magneto.

RAZONA

1. Aceptando que Magneto solo domina el magnetismo que se pone de manifiesto en los imanes, ¿podría controlar cualquier objeto metálico sin tocarlo?
2. Si Magneto es capaz de generar campos magnéticos, ¿en qué condiciones podría levitar?

Zoología

Cuando alguien escucha la palabra «brújula» en lo último en lo que piensa es en una vaca. Sin embargo, *Nature*, una de las revistas científicas más prestigiosas del mundo, publicó en agosto de 2008 una noticia bajo el siguiente titular: «Las vacas magnéticas resultan visibles desde el espacio». Y no se trataba de una broma.

La zoóloga Sabine Begall, con un equipo de colaboradores de la Universidad de Duisburg-Essen, estudió la orientación de más de 8 500 muestras de ganado, repartidas en 308 localizaciones del mundo. Lo hicieron descargando imágenes de satélite de Google Earth. El análisis de las fotografías reveló que los rumiantes preferían alinear su cuerpo de acuerdo con el eje norte-sur magnético.

Todavía se ignora cómo opera su sensibilidad al campo magnético terrestre, aunque sí sabemos que otros animales la comparten, como la mariposa monarca o el petirrojo, y que la aprovechan para orientarse durante sus desplazamientos migratorios.

Un imán inesperado.

APRENDE A APRENDER

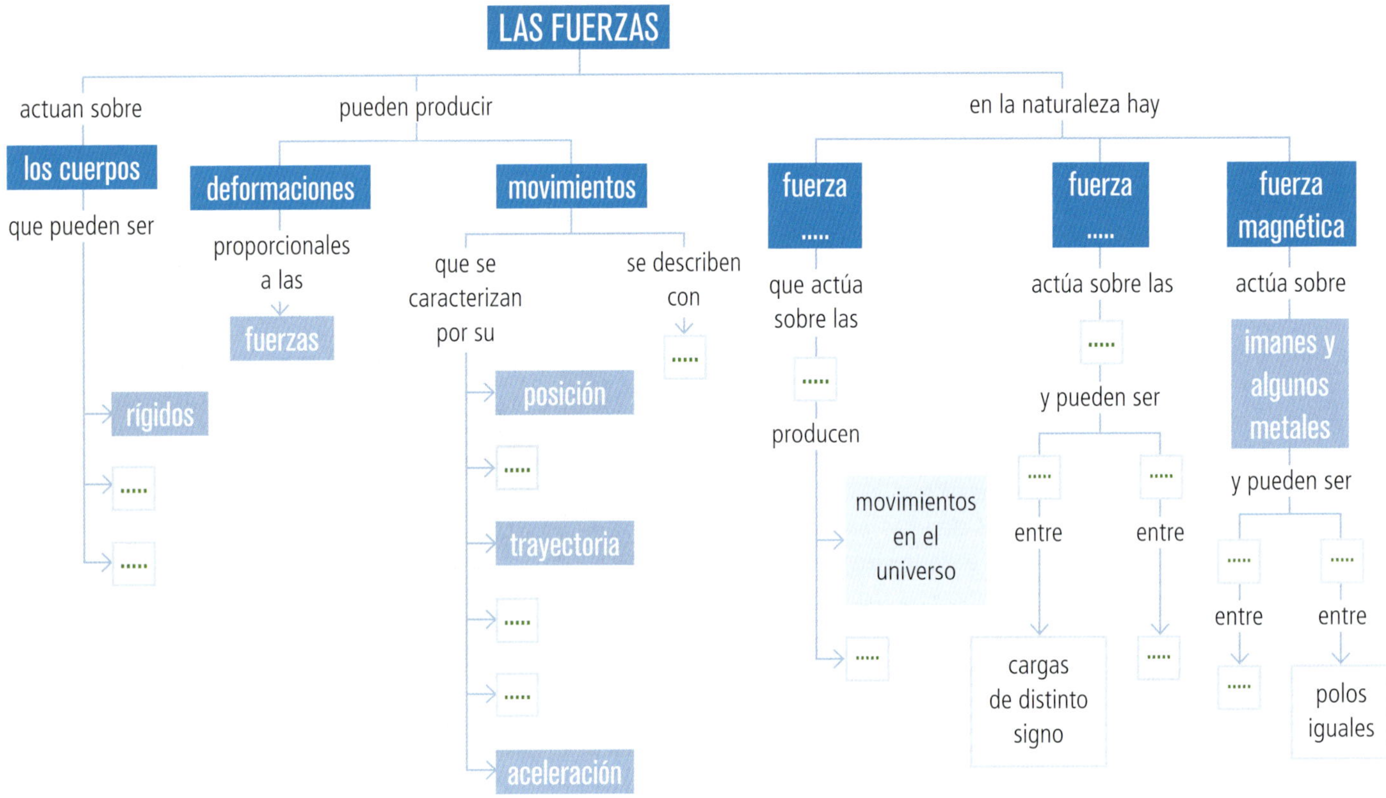

ACTIVIDADES

Formad grupos con vuestros compañeros de clase para resolver las siguientes actividades:

1 Copiad y completad en vuestro cuaderno el esquema de la unidad.

2 Elaborad una presentación digital para exponer ante el resto de la clase los principales contenidos de la unidad.

3 Elaborad un glosario que incluya, al menos, los siguientes conceptos:

- Cuerpo rígido.
- Cuerpo plástico.
- Cuerpo elástico.
- Posición.
- Desplazamiento.
- Trayectoria.
- Velocidad.
- Fuerza de rozamiento.
- Peso.
- Electrostática.
- Carga.
- Campo magnético.

REPASO FINAL

1 ¿Cuáles de los siguientes fenómenos se producen por fuerzas a distancia y cuáles son por contacto?

a. El deslizamiento de un coche al pasar sobre una balsa de agua.

b. El estiramiento de un muelle al colgar una masa.

c. El giro al tomar una curva con la bicicleta.

d. El movimiento de una mesa al empujarla.

e. La formación de una aurora boreal.

f. El movimiento de un tren por levitación magnética.

2 Clasifica los siguientes objetos según sean cuerpos rígidos, plásticos o elásticos.

a. Una goma de pelo.

b. Unas gafas.

c. Las cerdas de una brocha.

d. El mecanismo de una tecla del ordenador.

e. Una cuchara de madera.

3 Una goma elástica presenta una constante de elasticidad de 50 N/m. Calcula cuánto se alargará al ejercer sobre ella una fuerza de 10 N.

4 De un muelle se cuelgan diferentes pesos, y se obtiene la siguiente tabla de valores:

F (N)	1	2	3	4	5
x (m)	0,01	0,02	0,03	0,04	0,05

a. ¿Qué relación existe entre la fuerza, *F*, y el alargamiento, *x*?

b. Calcula la constante elástica del muelle.

c. ¿Qué alargamiento se producirá en el muelle si se cuelga un peso de 10 N?

d. Dibuja la gráfica fuerza-alargamiento.

5 ¿Qué es un dinamómetro? ¿Cómo funciona?

6 Un dinamómetro tiene en su interior un muelle cuya constante es 80 N/m. ¿Qué peso se habrá colgado de él para producir un alargamiento de 7,5 cm? ¿Y si el alargamiento es de 10 cm?

7 ¿En qué se diferencian el desplazamiento de un móvil y su trayectoria?

8 La distancia entre dos ciudades es de 350 km. Si un autocar emplea 4 h en el viaje, determina su velocidad media y exprésala:

a. En el Sistema Internacional.

b. En km/h.

9 Un caracol se mueve a una velocidad de 50 m/h.

a. Calcula su velocidad en el Sistema Internacional.

b. ¿Qué tiempo empleará en recorrer 60 cm?

10 El guepardo es capaz de mantener una velocidad de 115 km/h durante una distancia de 500 m.

a. Expresa esa velocidad en el Sistema Internacional.

b. Calcula cuánto tiempo utilizará para recorrer esa distancia.

11 Explica el significado de la siguiente gráfica:

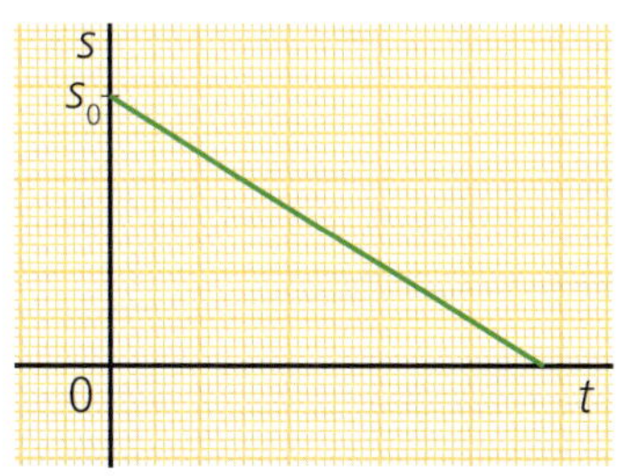

12 Para un móvil que parte del reposo y describe una recta, se miden las distancias recorridas en distintos tiempos y se representan gráficamente.

a. Calcula la velocidad del móvil.

b. ¿Cuál es el espacio recorrido a los 8 s de iniciarse el movimiento?

13 Se deja rodar una pelota, primero, por un suelo de mármol y, después, por un suelo de cemento. ¿En cuál crees que se detendrá antes? Explica tu respuesta.

REPASO FINAL

14 ¿Por qué se colocan cadenas en las ruedas cuando nieva?

15 Tenemos dos superficies de igual rugosidad y queremos desplazar sobre ellas dos tacos de madera: el primero de mayor superficie y 20 kg de masa, y el segundo de menor superficie y 25 kg de masa. ¿Cuál se deslizará con menor fuerza de rozamiento?

16 Venus es el segundo planeta más próximo al Sol. Si se encuentra a 0,72 ua de nuestra estrella, ¿qué distancia lo separa de ella, expresada en metros?

17 La distancia de Júpiter al Sol es de $7{,}8 \cdot 10^8$ km. Exprésala en unidades astronómicas.

18 ¿Por qué se mide en año-luz la distancia entre galaxias?

19 La estrella Rigel Kentaurus es la segunda más próxima a nosotros. Si dista 4,3 años-luz, ¿a cuántos kilómetros de nosotros está? Datos: velocidad de la luz en el vacío,

$c = 300\,000$ km/s.

20 Cuando un vehículo adelanta a otro, ¿qué fuerza de atracción es mayor: la que se da entre dos camiones o la que se produce entre un camión y un coche? ¿Por qué no notamos ninguna de estas fuerzas?

21 ¿En qué planeta del sistema solar será mayor la aceleración de la gravedad?

22 Si un astronauta de 75 kg de masa llegara a Venus, ¿cuánto pesaría? Datos: $g_{Venus} = 8{,}87$ m/s^2.

23 Un astronauta de 82 kg aterriza en Marte, donde su peso es de 303,4 N. Calcula la aceleración de la gravedad en ese planeta.

24 ¿Qué cargas se atraen con más fuerza: dos cargas de 1 C separadas por 1 m o dos cargas de 1 C separadas por 1,5 m?

25 Explica los siguientes fenómenos:

a. Frotas con un trozo de tela un globo suspendido de un hilo y, después, acercas la tela al globo. El globo es atraído por la tela. A

b. Frotas la funda de plástico de un bolígrafo con la tela y la acercas al globo. El globo sale repelido. B

c. Frotas una varilla de vidrio con un trapo de seda y acercas la varilla al globo. El globo es atraído por la varilla. C

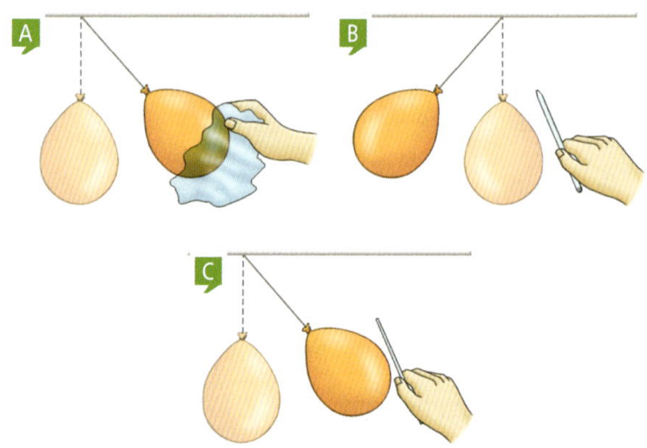

26 Cita las semejanzas y las diferencias entre las fuerzas gravitatoria y eléctrica.

27 Marte presenta una atmósfera dos tercios menor de la atmósfera que tenía cuando se creó. Se cree que el viento solar es el responsable de esa disminución. Con este dato, ¿qué conclusión sacas acerca del magnetismo de Marte?

Cortesía de NASA/JPL-Caltech/MSSS.

28 La superficie de la Luna recibe *bombardeos* de viento solar, por lo que todas las herramientas utilizadas en el programa *Apolo* tuvieron que ser protegidas con láminas de aluminio. ¿Por qué crees que la Luna recibe esa gran cantidad de partículas procedentes del Sol?

EVALUACIÓN

1 ¿Qué tipo de cuerpo es un chicle?

a. Rígido.
b. Elástico.
c. Plástico.
d. Semirrígido.

2 Disponemos de un muelle cuya constante elástica es 100 N/m. ¿Qué fuerza hay que aplicar sobre él para que se estire 10 cm?

a. 1 000 N b. 10 N c. 1 N d. 0,1 N

3 Determina qué respuesta es la correcta:

a. El desplazamiento y la trayectoria coinciden siempre.
b. El desplazamiento y la trayectoria no coinciden nunca.
c. El desplazamiento, la trayectoria y el espacio recorrido son lo mismo.
d. El desplazamiento y el espacio recorrido coinciden para los movimientos rectilíneos, siempre que no haya cambio de sentido.

4 Una nadadora tarda 1 min y 10 s en nadar 100 m. ¿Qué velocidad media habrá llevado durante la carrera?

a. 1,7 m/s b. 0,7 m/s c. 1,4 m/s d. 90,9 m/s

5 ¿Qué significa la siguiente gráfica?

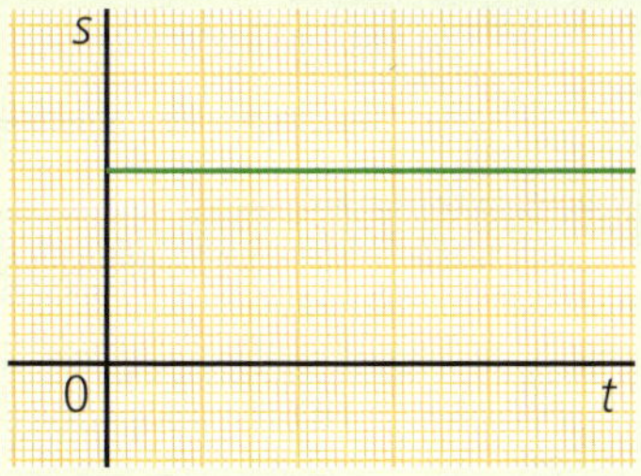

a. Que el móvil lleva una velocidad constante.
b. Que el móvil tiene aceleración constante.
c. Que el móvil recorre espacios iguales en tiempos iguales.
d. Que el móvil está parado.

6 Si un tren de alta velocidad recorre 300 km en una hora, ¿cúanto tardará en llegar desde su salida a una ciudad que está a 900 km de distancia? ¿Y si tardase en llegar a esa ciudad 3 horas y media, cuál sería su velocidad media?

7 Los astronautas se mueven en el espacio:

a. Impulsados por los brazos y las piernas, como si nadaran.
b. Porque llevan una especie de ventilador pequeño pegado al traje.
c. Nunca. No se pueden desplazar por sí solos, porque no hay rozamiento.
d. Porque llevan un motorcito pequeño de gasolina.

8 Marte es el cuarto planeta más cercano al Sol. Su distancia a este es de $2,28 \cdot 10^8$ km. ¿Cuánto es esa distancia en unidades astronómicas?

a. 2,5 ua b. 1,52 ua c. 0,86 ua d. 1,94 ua

9 ¿Qué tipo de fuerza mantiene a la Luna girando alrededor de la Tierra?

a. Fuerza centrífuga.
b. Fuerza electrostática.
c. Fuerza gravitatoria.
d. Fuerza magnética.

10 ¿Cuál de la siguientes frases es correcta?

a. La masa de un cuerpo en la Luna es menor que en la Tierra.
b. El peso de un cuerpo en la cima de una montaña es menor que a nivel del mar.
c. El peso de un cuerpo en la Luna es mayor que en la Tierra.
d. La masa de un cuerpo en Júpiter es mayor que en los demás planetas del sistema solar.

11 ¿Cuál o cuáles de estas características no corresponden a la fuerza gravitatoria?

a. Es una fuerza a distancia.
b. Es una fuerza atractiva o repulsiva.
c. Es proporcional al producto de las masas.
d. Es inversamente proporcional al cuadrado de la distancia que separa las masas.

DIARIO DE APRENDIZAJE

¿Cómo he solventado o me he enfrentado a las dificultades de esta unidad?

06 La energía

¿Qué contenidos preveo que voy a estudiar?

Observa las fotos de estas páginas:

1. ¿De dónde proviene la energía que consumimos en casa?
2. ¿Conoces diferentes formas de producir energía? ¿Cuáles son?
3. ¿De cuántas maneras distintas puedes calentar un vaso de leche?
4. Cuando dejas que algo caiga al suelo, ¿interviene algún tipo de energía?

01 La energía y sus formas

Desde la antigüedad el ser humano ha buscado formas de utilizar la energía: el fuego, el viento y el agua supusieron las primeras formas de energía al servicio de las personas. En la actualidad, las centrales nucleares, los aerogeneradores y las centrales solares producen electricidad, que nos proporciona una mejor calidad de vida.

La **energía** es la capacidad que tienen los cuerpos para producir cambios en ellos mismos o en otros cuerpos.

Cuanto mayor sea la energía que posee un cuerpo, más capacidad tendrá para producir cambios.

La unidad de energía en el sistema internacional es el **julio** y su símbolo es **J.**

01.1 Formas de energía en la vida cotidiana

La energía se manifiesta de distintas formas según el tipo de cambios que producen. Algunas formas de energía son las siguientes.

Energía cinética

En una bolera, ¿qué bola producirá mayor efecto, la más grande o la más pequeña? ¿La que avanza despacio o la que va deprisa? La energía de la bola y por tanto, el efecto que esta produce en los bolos, depende de su masa y de su velocidad. Esta energía se llama **energía cinética.**

La **energía cinética,** E_c, es la que tienen los cuerpos en movimiento.

La energía cinética de un cuerpo viene dada por la ecuación:

$$E_c = \frac{1}{2}\, m \cdot v^2$$

Donde m es la masa expresada en kg y v es la velocidad expresada en m/s.

Formas de energía

Las velas de un velero aprovechan la energía del viento para impulsarse.

Los molinos aprovechan la energía del viento y del agua, para moler el trigo o extraer el agua.

Unidades de energía

A veces se utilizan, además del julio, otras unidades de energía como el kilovatio-hora, kWh, empleado sobre todo en los recibos de consumo eléctrico.

1 kWh = 3 600 000 J

EJEMPLO

Calcula la energía cinética que tiene un patinador de 60 kg cuando se desplaza a una velocidad de 36 km/h.

[1] Se expresa la velocidad en unidades del SI:

$$36\ \text{km/h} = 36\,\frac{\text{km}}{\text{h}} \cdot \frac{1000\ \text{m}}{1\ \text{km}} \cdot \frac{1\ \text{h}}{3600\ \text{s}} = 10\ \text{m/s}$$

[2] Se aplica la expresión de la energía cinética:

$$E_c = \frac{1}{2}\, m \cdot v^2 =$$

$$= \frac{1}{2} \cdot 60\ \text{kg} \cdot (10\ \text{m/s})^2 = 3\,000\ \text{J}$$

Energía potencial

El efecto que produce un cuerpo al caer al suelo será mayor cuanto mayor sea su masa y la altura desde la que cae. La energía relacionada con la posición de un cuerpo se llama **energía potencial.**

La **energía potencial**, E_p, es la que tiene un cuerpo debido a la posición que ocupa en el espacio o a la deformación que experimenta.

Veamos dos tipos de energía potencial:

ENERGÍA POTENCIAL GRAVITATORIA	ENERGÍA POTENCIAL ELÁSTICA
 La energía de un cuerpo elevado a cierta altura sobre la superficie de la Tierra es la **energía potencial gravitatoria.**	 La energía de un cuerpo elástico cuando se deforma se llama **energía potencial elástica.**

La energía potencial gravitatoria depende de la altura a la que se sitúa el objeto, y su expresión es:

$$E_p = m \cdot g \cdot h$$

Donde m es la masa del cuerpo expresada en kg; h la altura a la que se eleva respecto al suelo, expresada en m, y g la aceleración de la gravedad terrestre (g = 9,8 m/s^2).

Energía mecánica

La **energía mecánica,** E_m, de un cuerpo es la debida a la velocidad que lleva y a su posición en el espacio; por tanto, es la **suma** de las energías cinética y potencial:

$$E_m = E_c + E_p$$

Energía eléctrica

La energía que consumimos en nuestras viviendas es eléctrica y se propaga a través de hilos conductores mediante el movimiento de cargas en su interior.

La **energía eléctrica** es la que se produce por el movimiento de cargas dentro de un conductor.

La electricidad se genera en diversos tipos de centrales (térmica, nuclear, etc.), y se transporta mediante cables de alta tensión.

EJEMPLOS

1 ¿Qué energía potencial tiene una niña de 40 kg situada en lo alto de una lanzadera a 25 m de altura?

$$E_p = m \cdot g \cdot h =$$
$$= 40\ \text{kg} \cdot 9{,}8\ \text{m/s}^2 \cdot 25\ \text{m} =$$
$$= 9800\ \text{J}$$

2 Se deja caer un balón de 0,6 kg desde el aro de una canasta de baloncesto situada a 3 m de altura; cuando está a mitad de camino del suelo y su velocidad es de 5,42 m/s, calcula:

a. Su energía potencial.

b. Su energía cinética.

c. Su energía mecánica.

a. La energía potencial es:

$$E_p = m \cdot g \cdot h =$$
$$= 0{,}6\ \text{kg} \cdot 9{,}8\ \text{m/s}^2 \cdot 1{,}5\ \text{m} =$$
$$= 8{,}82\ \text{J}$$

b. La energía cinética es:

$$E_c = \frac{1}{2} m \cdot v^2 = \frac{1}{2} \cdot 0{,}6\ \text{kg} \cdot$$
$$\cdot (5{,}42\ \text{m/s})^2 = 8{,}81\ \text{J}$$

c. La energía mecánica es:

$$E_m = E_c + E_p =$$
$$= 8{,}82 + 8{,}81 = 17{,}63\ \text{J}$$

Energía electromagnética

Cuando vemos la televisión, escuchamos la radio o nos conectamos a Internet lo hacemos gracias a las aplicaciones de las radiaciones electromagnéticas.

La **energía electromagnética** es la que transportan las ondas eléctricas y magnéticas.

Por ejemplo, la luz del sol es una forma de energía electromagnética.

Las auroras boreales se forman cuando el viento solar (partículas que proceden de la capa más exterior del sol) interaccionan con el campo magnético terrestre.

Energía química

Algunos materiales como el carbón, la madera o el petróleo almacenan gran cantidad de energía química, que puede liberarse a través de una reacción química.

La **energía química** es la que se produce durante los procesos químicos.

Por ejemplo, a partir de la combustión del gas natural, se obtiene energía química en forma de calor y luz.

En una pila se transforma la energía química en energía eléctrica.

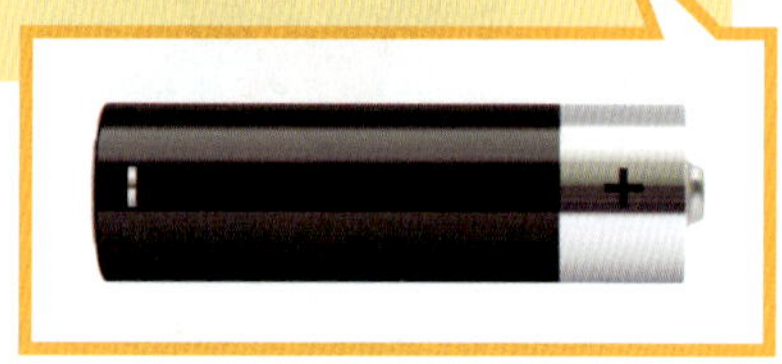

Energía nuclear

En las centrales nucleares se produce energía a partir de los núcleos de los átomos. Esta se transforma después en energía eléctrica.

La **energía nuclear** es la que se almacena en el núcleo de los átomos.

- **La energía nuclear de fisión:** proviene de reacciones que se reproducen de forma controlada en las centrales nucleares. Se rompe el núcleo de un átomo pesado para obtener dos más ligeros.
- **La energía nuclear de fusión:** se produce en las estrellas. Los científicos están investigando para repetir controladamente este proceso natural energético, sin éxito por el momento. Se unen dos núcleos de átomos ligeros para obtener uno más pesado.

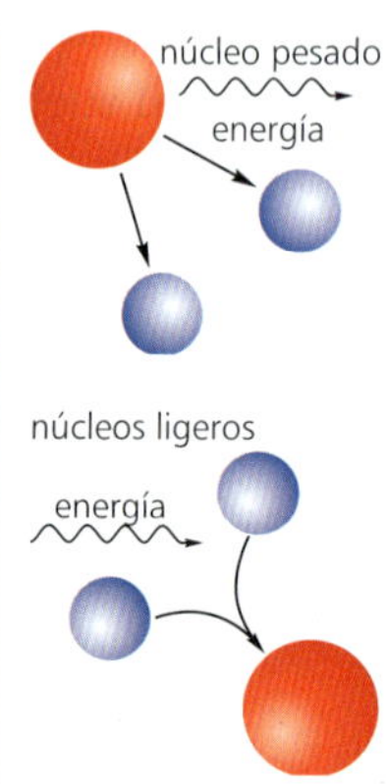

Energía interna y energía térmica

La materia está formada por muchísimas partículas en movimiento y ocupando determinadas posiciones. Cada partícula acumula energías cinética y potencial y la suma de ambas constituye la **energía interna** de la materia.

La **energía interna** de un cuerpo es la suma de las energías cinética y potencial de las partículas que lo componen.

Cuando solo se tiene en cuenta la energía cinética de las partículas y no la potencial, hablamos de **energía térmica**.

01.2 Transformación y conservación de la energía

Imagina que dejas caer una pelota desde una determinada altura. Considerando despreciable el rozamiento del aire:

1 Cuando la pelota está en el punto más alto, la altura, h_1, es máxima y su velocidad es cero. La pelota solo tiene energía potencial.

2 En un punto de la caída, la pelota está a una altura h_2 y en movimiento, es decir, su velocidad es v. Tiene energía potencial y energía cinética.

3 Cuando llega al suelo, la pelota tiene una altura $h = 0$ m, pero su velocidad v es ahora máxima. Solo tiene energía cinética.

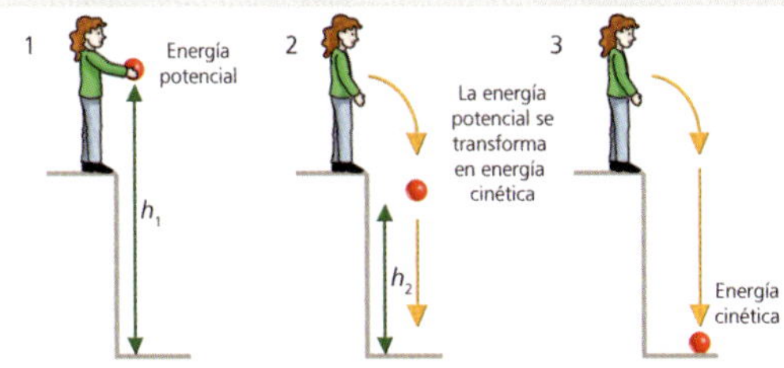

Conclusión: la energía potencial se ha transformado en energía cinética.

Se observa que la pelota alcanza cada vez menos altura en los sucesivos botes. Si se mide con un termómetro muy preciso la temperatura de la pelota y del suelo antes y después de los botes, se comprueba que la temperatura de ambos ha aumentado. Por tanto, al botar, parte de la energía mecánica de la pelota se ha transformado en calor.

La energía eléctrica puede transformarse en:

Luminosa

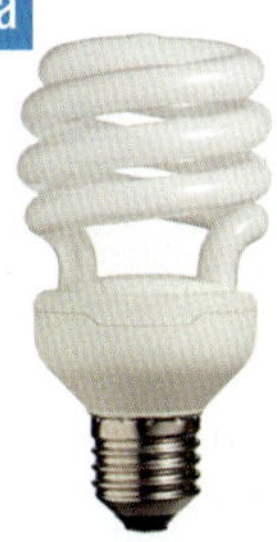

Térmica

Mecánica

Química

Magnética

En todos estos casos la energía se transforma de una forma a otra pero, en conjunto, permanece constante. Este es uno de los principios que explican el comportamiento de la energía y que se llama **principio de conservación de la energía**.

* La energía ni se crea ni se destruye, únicamente se transforma.

ACTIVIDADES

1 ¿Qué tipo de energía tiene?

a. La gasolina de un fórmula 1.

b. Una paloma posada sobre en un tejado.

c. Los átomos de uranio en una central nuclear.

d. Un avión que vuela.

e. La luz ultravioleta.

2 Un hombre de 70 kg de masa camina a 1 m/s. ¿Cuál es su energía cinética?

3 Cuando tienes las manos frías y te las frotas, ¿qué transformación de energía se produce?

4 ¿Qué transformación de la energía tiene lugar cuando enciendes una vitrocerámica y calientas la comida?

02 Fuentes de energía

Actualmente, en la mayor parte de los procesos industriales, así como en el ámbito doméstico, resulta imprescindible el uso de la energía eléctrica.

En casa, los electrodomésticos, los teléfonos móviles y ordenadores, la calefacción y la iluminación dependen de la electricidad. Del mismo modo, cualquier proceso de fabricación requiere electricidad de manera continua. En el transporte se utiliza también la energía eléctrica, así como la de los combustibles, pero ¿de dónde se obtiene esa energía?

La energía eléctrica, por ser fácil de transportar y transformar, es la más utilizada en nuestra vida cotidiana y se obtiene mediante una serie de fuentes de energía o recursos energéticos.

> Una **fuente de energía** es todo aquello que permite producir energía directamente o mediante alguna transformación.

Existen muchos tipos de fuentes de energía, pero las podemos clasificar en:

- Fuentes de energía **renovables**, que se regeneran fácilmente y son inagotables.
- Fuentes de energía **no renovables**, que se consumen a un ritmo más rápido del que se generan en la naturaleza.

Las fuentes de energía se utilizan en diversos procesos de **generación de energía**, tal como refleja el siguiente gráfico:

FUENTES DE ENERGÍA

No renovables: existen en una cantidad limitada en la naturaleza	Renovables: existen en una cantidad ilimitada en la naturaleza
Petróleo	Geotérmica
Carbón	Solar
Gas	Eólica
Nuclear	Biomasa
	Hidráulica

Ahorro energético

Los recursos energéticos son limitados y su consumo afecta de forma negativa al medioambiente. Por esta razón se debe consumir la energía de forma moderada.

En nuestras casas podemos tomar algunas medidas para ahorrar energía:

- Emplear bombillas de bajo consumo.
- No poner la calefacción a una temperatura muy elevada.
- Utilizar la lavadora y el lavavajillas cuando estén llenos.

ACTIVIDADES

5 ¿Has visto alguna vez una placa solar? ¿Qué aspecto tiene?

6 Clasifica estos apartados como consumidores de energía no renovable o consumidores de energía renovable:

a. Una vivienda rural que obtiene agua caliente gracias a un panel solar térmico.

b. Una bicicleta eléctrica que se carga en un enchufe convencional.

c. Un horno de pan que consume leña de encina.

d. Un generador de electricidad que funciona con gasolina.

e. Un lago de aguas termales.

02.1 Fuentes de energía no renovables

Las fuentes de energía no renovables proceden de yacimientos, por lo que se encuentran en forma **limitada** y sus reservas se van agotando a medida que se consumen.

Ten en cuenta

Las sociedades actuales sufren de una dependencia enorme de las fuentes de energía no renovables, cuyo uso tiene un fuerte impacto en el medioambiente.

Carbón

Combustible fósil sólido de color negro formado por la acumulación de vegetales bajo la tierra durante miles de años. Contiene gran cantidad de carbono.

Tiene un alto poder calorífico, pero resulta caro de extraer.

Se utiliza como combustible en plantas de generación de electricidad termoeléctricas o **centrales térmicas,** aunque el uso de este combustible en dichas centrales es muy contaminante.

Petróleo

Combustible fósil líquido de color oscuro y fuerte olor formado por una mezcla de compuestos orgánicos llamados hidrocarburos, procedentes de la descomposición de animales y vegetales.

Se utiliza como combustible en centrales térmicas, para generar **electricidad.**

También se usa como materia prima en la fabricación de **combustibles** (gasolina, gasóleo, fuel, etc.) y de multitud de otros productos (**plásticos**, gomas, caucho, etc.). Su precio influye enormemente en la economía de todos los países.

Gas natural

Combustible fósil formado, sobre todo, por gas metano (CH_4). Se utiliza tanto en la industria como en los hogares.

Se transporta desde el lugar de su extracción hasta los centros de almacenamiento a través de **gasoductos.**

Se utiliza como combustible en plantas de generación de electricidad, siendo más eficiente que otros combustibles.

Uranio y energía nuclear

Elemento químico radiactivo que sirve como combustible para obtener electricidad en las **centrales nucleares.** Allí los átomos de uranio se fisionan, es decir, se rompen dando lugar a otros átomos más ligeros. Este proceso libera una enorme cantidad de energía, muy superior a la de la combustión de petróleo, gas o carbón. Sin embargo, entraña graves riesgos por posibles fugas radiactivas y porque genera residuos radiactivos que permanecen activos durante miles de años.

ACTIVIDADES

7 Antiguamente se usaban calderas de carbón para calefacción pero se han sustituido por calderas que consumen gas natural, ¿a qué crees que se ha debido el cambio?

8 De las cuatro fuentes no renovables: carbón, petróleo, gas natural y uranio, ¿cuál de ellas produce una mayor cantidad de energía?

02.2 Fuentes de energía renovables

La energía de las fuentes renovables proviene de recursos inagotables en la Tierra, como el sol, el agua o el viento.

El agua y la energía hidráulica

- El agua es un recurso inagotable.
- La **energía hidráulica** procede de la energía potencial que tiene el agua almacenada en altura. Al caer, esa energía potencial del agua se transforma en cinética, y mediante un proceso mecánico, se transforma en energía eléctrica. El agua se almacena mediante presas y pantanos, y procede de los ríos, la lluvia y el deshielo.
- La energía hidráulica es limpia, pues no deja residuos, y el agua embalsada se utiliza para el abastecimiento de la población, para regadío e incluso para actividades de recreo.
- La central se instala en un lugar adecuado a orillas de grandes ríos y a gran altura. El transporte de esta energía hasta los centros de consumo tiene un elevado precio.

El viento y la energía eólica

- El viento es un recurso inagotable, y de gran intensidad en algunas zonas.
- La **energía eólica** es la energía que produce el viento, es limpia e inagotable.
- La energía eólica se genera del siguiente modo: la energía cinética del viento se transmite al aerogenerador, que mediante un proceso sencillo, convierte esa energía cinética en energía eléctrica.
- Es una energía intermitente, porque depende de la disponibilidad de viento en cada momento. Por ese motivo, las centrales eólicas se instalan en lugares con viento fuerte y constante.

Panel solar fotovoltaico (a) y panel solar térmico (b).

El sol y la energía solar

- El sol es un recurso inagotable, y que está presente en todo el planeta. Esta fuente de energía se utiliza en las centrales solares.
- La **energía solar** es la que llega a la tierra en forma de radiación procedente del sol. Es una energía limpia, inagotable y gratuita.
- Necesita ser transformada en forma de electricidad y calor, y se requieren grandes superficies para almacenarla.
- En la actualidad la energía del sol se aprovecha de dos formas diferentes: la solar térmica, que acumula la energía térmica del sol en un fluido, y la solar fotovoltaica, que transforma la radiación solar en energía eléctrica.

El calor terrestre y la energía geotérmica

- El calor que proviene del interior de la Tierra se manifiesta en forma de:

  volcanes, fumarolas, géiseres y fuentes termales.

- La **energía geotérmica** es aquella que procede del interior de la Tierra, en forma de calor. Es aprovechada solo en aquellos lugares en los que se encuentra el yacimiento termal.
- No es contaminante.

La biomasa

- La biomasa procede de los residuos agrícolas, forestales y ganaderos, así como de algunos restos sólidos urbanos.
- Su combustión puede aprovecharse en forma de energía térmica o eléctrica.
- Suministra energía de forma continua y contribuye a la eliminación de residuos.
- La biomasa se puede usar en el ámbito doméstico, por ejemplo, en calderas, pero también en centrales de producción de **biocombustibles** o en **centrales térmicas**.

El mar y la energía mareomotriz

- El mar, en continuo movimiento, proporciona una fuente inagotable de energía.
- La **energía mareomotriz** aprovecha el impulso de las olas y las mareas para, mediante el movimiento de generadores, producir energía eléctrica.
- Existen en la actualidad diferentes proyectos para aprovechar la energía del mar, mediante el uso de las corrientes, o de las diferencias de temperatura y salinidad entre las capas del agua del mar.
- En general, el aprovechamiento de esta fuente de energía es escaso, pues presenta problemas de construcción y de mantenimiento de las instalaciones.

ACTIVIDADES

9 ¿Qué tipo de fuentes de energía son más contaminantes, las renovables o las no renovables?

10 ¿Qué fuente de energía genera mayor impacto medioambiental por aumento del efecto invernadero?

11 ¿Qué ventajas y qué inconvenientes tiene la energía hidráulica?

12 Si el uso de la biomasa se generalizara tanto que necesitáramos plantar árboles solo para quemar y producir energía, utilizando para ello grandes extensiones de terreno, ¿crees que seguiría siendo una fuente de energía renovable?

13 ¿Qué tipo de energía se manifiesta en forma de aguas termales?

03 Energía térmica

La **energía térmica** es la que tiene un cuerpo debido al movimiento de las partículas que lo forman.

Recuerda

La teoría cinética se basa en que la materia está formada por partículas muy pequeñas en continuo movimiento.

03.1 Calor y temperatura

Cuando mezclamos dos líquidos, uno frío y otro caliente, conseguimos una mezcla templada, es decir, las temperaturas de ambos líquidos tienden a igualarse, pues parte de la energía del cuerpo más caliente pasa al frío.

El **calor** es la transferencia de **energía térmica** de un cuerpo a otro cuando ambos cuerpos están a diferente temperatura.

Un cuerpo se calienta si aumenta su energía térmica y se enfría si esta disminuye. El calor no se puede almacenar en un cuerpo, lo que se almacena es la energía térmica.

Cuando un cuerpo se calienta, sus partículas adquieren más energía, por lo que se mueven más rápidamente. Es decir, a mayor temperatura, el movimiento de las partículas aumenta.

La **temperatura** es una magnitud que indica el grado de movimiento de las partículas de un cuerpo. Se mide mediante un **termómetro**.

En un cuerpo a baja temperatura, las partículas se mueven lentamente. A alta temperatura, las partículas se mueven rápidamente.

Imagina que echas un cubito de hielo en un vaso de agua caliente. Al rato, el cubito se habrá fundido y el agua se habrá enfriado. Ambos habrán alcanzado la misma temperatura, es decir, habrán llegado a un **equilibrio térmico**.

El **equilibrio térmico** es el estado que se alcanza cuando las temperaturas de dos cuerpos, que inicialmente eran distintas, se igualan. Por ello, la agitación térmica en las partículas de ambos cuerpos pasa a ser la misma.

ACTIVIDAD

14 ¿Cómo podemos enfriar una bañera con agua muy caliente sin mezclarla con agua fría? Piensa que el calor se puede transmitir también desde el agua al aire.

03.2 Medida de la temperatura

Nuestra piel es capaz de percibir la mayor o menor temperatura de un cuerpo. Sin embargo esta percepción es subjetiva y depende de factores externos.

Para evitar esta imprecisión, se utilizan los termómetros.

Observa

Los termómetros de mercurio han sido sustituidos por los de galio, una sustancia de menor toxicidad.

Un **termómetro** es un instrumento que sirve para medir la temperatura.

1 Los termómetros constan de un tubo muy fino, llamado **capilar**, que termina en un pequeño depósito que contiene **alcohol** o **galio**. Todo ello está recubierto por una envoltura de vidrio, con el fin de protegerlo.

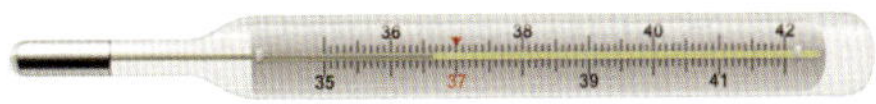

2 Al aumentar o disminuir la temperatura, el líquido del termómetro asciende o desciende, respectivamente, por el capilar. La variación de volumen se lee en una **escala graduada**.

Escala Internacional de la Temperatura

Para graduar un termómetro, se toman dos puntos: el de **fusión del hielo** y el de **ebullición del agua.** Según las unidades elegidas, se asigna un valor a cada uno de ellos.

Cómo se construye la escala de un termómetro

1 Se introduce el termómetro en hielo que esté fundiéndose y se traza una línea para marcar la altura que alcanza el líquido.

2 Se introduce el termómetro en agua hirviendo y se traza otra línea a la altura del líquido que hay en su interior.

3 El espacio entre las dos líneas se divide en 100 partes iguales.

La Escala Internacional de la Temperatura admite como unidades de medida:

- Grado Celsius (°C): el punto de fusión del hielo tiene asignado el valor de 0 °C y el punto de ebullición del agua es de 100 °C.
- Kelvin (K): se asigna un valor de 273,15 K al punto de fusión del hielo y de 373,15 K al de ebullición del agua.

Relación entre grado Celsius y kelvin

$$T\,(\mathrm{K}) = 273{,}15 + t\,(^\circ\mathrm{C})$$

El cero absoluto de temperatura, 0 K, es la temperatura más baja que se puede alcanzar.

ACTIVIDADES

15 Si añades una gota de café en un vaso con agua fría y viertes otra gota de café en un vaso con agua caliente, ¿en qué vaso se observará antes un color uniforme? ¿Por qué?

16 ¿Cómo será la energía térmica de un cuerpo frío?

17 Expresa en kelvin estas temperaturas:

a. $t = 0$ °C **b.** $t = 25$ °C **c.** $t = 80$ °C **d.** $t = -20$ °C

18 Expresa en grados Celsius las siguientes temperaturas:

a. $T = 293$ K **b.** $T = 300$ K **c.** $T = 400$ K **d.** $T = 200$ K

04 Efectos de la energía térmica

Cuando se comunica calor a un cuerpo, su energía interna se incrementa. Este aumento de la energía implica que pueden tener lugar tres posibles tipos de cambio: variación de la temperatura, cambios de estado y dilatación.

04.1 Variación de la temperatura

Cuando un cuerpo recibe energía térmica, su temperatura aumenta; si por el contrario el cuerpo pierde energía térmica, se enfría. ¿De qué depende el aumento de la temperatura?

Podemos realizar algunas experiencias para averiguarlo:

¿Cómo se calienta un cuerpo?

1 Toma dos vasos iguales y llénalos de agua a igual temperatura.

- En el segundo vaso, vierte doble cantidad de agua que en el primer vaso, y comprueba que la temperatura es la misma en ambos.
- Calienta los dos en el microondas, durante el mismo tiempo y a la misma potencia.
- Mide ahora su temperatura; comprobarás que el vaso con menos agua se ha calentado más.

Conclusión: para que dos masas de agua alcancen la misma temperatura, el calor que hay que suministrar es proporcional a las masas de agua que se quieren calentar.

2 Toma dos vasos iguales, uno con agua y otro con aceite.

- Llénalos hasta el mismo nivel y comprueba que su temperatura es la misma.
- Caliéntalos en el microondas, durante el mismo tiempo y a la misma potencia.
- Mide ahora su temperatura; comprobarás que el aceite se ha calentado más.

Conclusión: para que dos líquidos distintos alcancen la misma temperatura, el calor que hay que suministrar depende del tipo de sustancia que se quiere calentar.

04.2 Cambios de estado

La energía térmica necesaria para provocar un cambio de estado se llama **calor latente.** Existen dos tipos de calores latentes, según el cambio de estado que se produzca. El calor latente de fusión, L_f, es el necesario para que un sólido pase a estado líquido, y el calor latente de vaporización, L_v, es el necesario para que un líquido pase a estado gaseoso. Cada sustancia presenta unos calores latentes distintos a los de las demás sustancias.

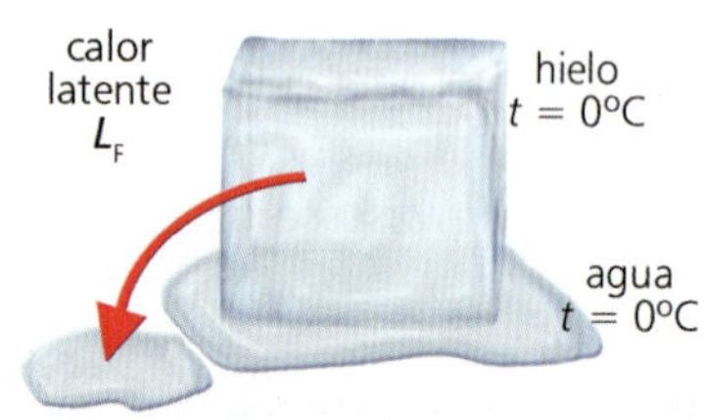

04.3 Dilatación

Un cuerpo se dilata si, al calentarlo, aumenta de tamaño. En cambio se contrae si, al enfriarse, su tamaño disminuye.

La **dilatación** es el aumento de las dimensiones de un cuerpo por efecto del calor.

La dilatación y la contracción afectan a la materia sea cual sea su estado, aunque no de igual manera.

Dilatación de los gases

Los gases se dilatan, con diferencia, más que líquidos y sólidos.

Dilatación de un globo

Llenamos un recipiente con un poco de agua y colocamos un globo enganchado en su boca. Al calentar el recipiente, el aire se dilata e hincha el globo.

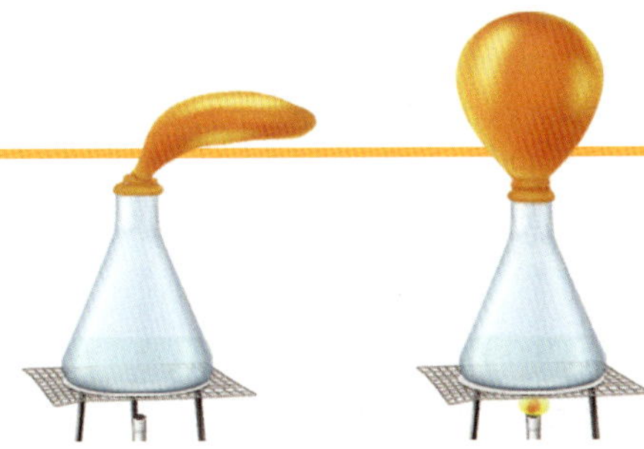

La dilatación de los gases es la más evidente, pues las fuerzas de cohesión entre sus partículas son muy débiles y, por ello, estas se separan más al aumentar la temperatura.

Dilatación de los líquidos

Los líquidos se dilatan menos que los gases y más que los sólidos. Sin embargo, su dilatación es más difícil de medir porque también se dilata el recipiente que los contiene. La dilatación de los líquidos resulta indispensable para la fabricación de termómetros.

Dilatación de los sólidos

Truco para abrir un bote

Imagina que tenemos un tarro de tapa metálica que no podemos abrir. Como la tapa metálica se dilata más que el vidrio, bastaría con poner la tapa bajo el chorro del agua caliente para conseguir abrirlo.

La dilatación se produce porque, al aumentar la temperatura, las partículas del sólido vibran más y se separan, ocupando un mayor volumen.

La dilatación de los sólidos tiene lugar en sus tres dimensiones, aunque se dilata más aquella dimensión que predomina sobre las otras.

El raro comportamiento del agua

El agua se dilata de forma anómala: a partir de 4 °C en adelante el agua se dilata de forma normal, pero entre 0° y 4 °C, en vez de dilatarse se contrae. Este raro comportamiento es esencial para proteger la vida en los casquetes polares. También permite que el hielo pueda flotar sobre el agua y cobijar a animales como los osos polares o permitir la presencia de agua líquida bajo el hielo en latitudes extremas y así hacer que se mantenga la vida en ese medio.

Dilatación en sólidos

- En un cuerpo largo, se produce fundamentalmente un aumento de la longitud: es la **dilatación lineal.**
- En un cuerpo muy plano se dilata principalmente la superficie: es la **dilatación superficial.**
- En un cuerpo que se dilata en volumen se produce una **dilatación cúbica.**

ACTIVIDADES

19 Las vías del tren tienen separaciones entre sus distintos tramos. ¿Para qué crees que sirven?

20 ¿Por qué flotan en el aire los globos aerostáticos?

05 Propagación del calor

El calor se propaga cuando pasa de un cuerpo caliente a otro cuerpo frío. Este proceso puede producirse de tres maneras: por conducción, por convección o por radiación.

05.1 Conducción

Si estamos cocinando y removemos con una cuchara de acero el agua hirviendo, notaremos enseguida que la cuchara quema, pues el calor se ha propagado a través del acero. En cambio, si la cuchara es de madera, esto no sucede, pues el calor no se propaga por este material. El acero es un conductor, mientras que la madera es un material aislante.

La teoría cinética explica por qué se transmite el calor por conducción entre un cuerpo caliente y un material conductor en contacto con él.

Las partículas del cuerpo caliente, con mayor energía cinética, transmiten parte de su agitación térmica a las partículas de la sustancia conductora con la que están en contacto. Esta agitación, pasa de unas partículas a las vecinas hasta afectar a todo el cuerpo conductor. La velocidad de este proceso será mayor cuanto mayor sea la diferencia de temperaturas entre ambos cuerpos.

La **conducción** es la forma en que se propaga el calor entre dos puntos de un cuerpo, generalmente sólido, que están a distinta temperatura sin que se produzca un transporte de materia.

TIPOS DE CONDUCTORES	
Conductores térmicos	Permiten que el calor se propague a través de ellos. Son buenos conductores del calor los metales, y sobre todo, la plata.
Aislantes	No permiten que el calor los atraviese. Son malos conductores térmicos: la madera, el corcho, la lana, la nieve, el aire y el agua, entre otros.

05.2 Convección

El agua y el aire son malos conductores del calor. Entonces, ¿por qué se calienta toda el agua de un recipiente si solo recibe calor su parte inferior? ¿Por qué se calienta toda una habitación con un solo radiador? La explicación a estos hechos la encontramos en la propagación del calor por convección.

Se vierte aceite en un recipiente de vidrio resistente al fuego. Se añaden luego unas gotas de agua previamente coloreada con tinta o con colorante alimentario.

Se calienta el recipiente al fuego y se observa que las gotas de agua coloreada ascienden para después volver a bajar, formando una especie de círculos.

En una cazuela, las capas de líquido de la parte cercana al fuego se calientan y aumentan su volumen, con lo que disminuye la densidad de esa zona del líquido. Por ello, dicha zona del líquido asciende, desplazando el líquido frío hacia abajo.

Ese líquido frío queda ahora en contacto con el fuego, donde se calienta más que el resto y asciende, repitiéndose el proceso.

La **convección** es la forma en que se propaga el calor en los fluidos (líquidos y gases). En ellos, el calor se propaga en forma de corrientes, que reciben el nombre de **corrientes de convección**, que se producen hasta que se iguala la temperatura en todo el fluido.

En las zonas costeras, la brisa marina suaviza las temperaturas gracias a las corrientes de convección, así, en el verano se produce el proceso representado en la figura del margen.

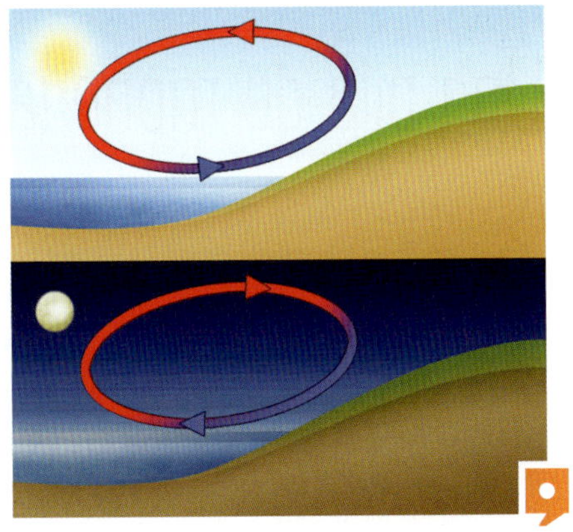

Durante el día, la tierra está a mayor temperatura que el agua, y se calienta el aire, que asciende sobre la tierra y se desplaza hacia el mar. El aire procedente del mar, más frío, ocupa su lugar sobre la tierra: es la brisa.

Durante la noche, la tierra se enfría antes que el mar, así que el aire situado sobre el mar está más caliente, asciende y se desplaza hacia la tierra: las corrientes nocturnas de aire tienen sentido contrario a las del día.

05.3 Radiación

A diferencia de las estudiadas antes, existe una forma de transmisión del calor que no precisa de un soporte material y que se puede realizar a través del vacío. El calor del sol, por ejemplo, se propaga de esta forma. Esta transmisión de energía la realizan las ondas electromagnéticas, cuya energía se llama **energía radiante**.

La **radiación** es una forma de transmisión de energía que se produce desde la superficie de los cuerpos a través del vacío o de un medio material en forma de ondas electromagnéticas.

La radiación no es exclusiva del sol, cualquier cuerpo puede radiar energía. Dicha radiación será mayor cuanto mayores sean la superficie del cuerpo que la emite y su temperatura.

Los cuerpos que mejor emiten y absorben la energía radiante son aquellos cuerpos oscuros y rugosos, como el asfalto, que se calienta fácilmente. Los que peor emiten y absorben radiación son los cuerpos blancos y pulidos, como las fachadas de algunas construcciones.

El calor del sol llega a la Tierra aunque entre ambos cuerpos celestes solo existe el vacío.

ACTIVIDADES

21 ¿Qué tipo de material es el de una manta, un conductor del calor o un aislante?

22 ¿Por qué crees que los esquimales viven relativamente confortables dentro de sus iglúes?

23 Explica por qué un abrigo de lana nos protege del frío. Si el abrigo fuese de un color oscuro, ¿abrigaría más o menos que uno de color claro?

24 ¿Por qué, durante el verano, se calienta antes la tierra que el mar?

25 ¿Por qué es aconsejable vestirse de blanco durante los días calurosos del verano?

26 ¿En cuál o cuáles de las formas de propagación del calor existe un desplazamiento de la masa de la sustancia que se calienta?

TÉCNICA DE TRABAJO

Una pila de monedas

Planteamiento

Las baterías pequeñas se llaman pilas porque la primera que se inventó, obra de Alessandro Volta, se componía de una pila de discos de metal y de papel empapado en agua salada. Aquí reproduciremos su montaje, que nos permitirá transformar energía química en eléctrica.

Experimento

1 Prepara los componentes de la pila

- Coloca una moneda encima del cartón y dibuja su contorno. Recórtalo y repite el procedimiento hasta obtener cinco discos de cartón.
- Llena la mitad del cuenco con agua. Agrega sal y remueve hasta que no se disuelva más y comience a depositarse en el fondo.
- Sumerge los discos de cartón en el cuenco durante unos minutos. Antes de utilizarlos, comprueba que están empapados, pero que no gotean.
- Recorta en el papel de aluminio cinco discos del mismo tamaño que las monedas.
- Si las monedas están sucias, sumérgelas durante unos minutos en vinagre para limpiarlas.

2 Monta la pila

- Apila los discos en el siguiente orden: primero, una moneda; después, un disco de cartón; a continuación, un disco de papel de aluminio. Repite la misma disposición hasta colocarlos todos.

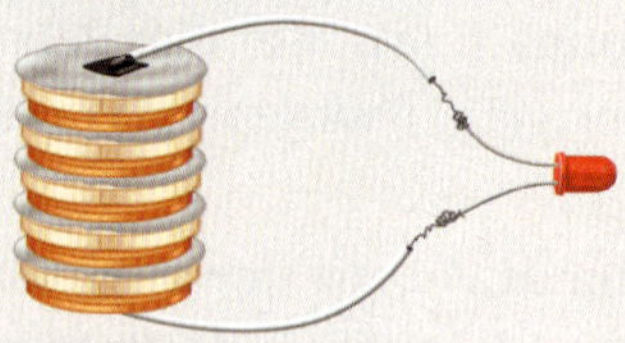

- Asegúrate de que las monedas no se tocan entre sí y de que tampoco lo hacen los discos de cartón ni los discos de papel de aluminio.
- Conecta el led a la pila. Si las patas del diodo tienen suficiente longitud, dóblalas de manera que una toque la moneda de la base y la otra, el disco de aluminio que remata la pila. Si las patas son demasiado cortas, utiliza dos trozos de cable para llevar a cabo la conexión.
- El diodo emitirá luz. Fija la posición de las patas (o de los cables) con cinta aislante.

¡Observa un vídeo del experimento!

Materiales

- Cinco monedas de 5 céntimos de euro.
- Papel de aluminio y cartón grueso.
- Agua y sal.
- Dos trozos de cable.
- Un cuenco, un lápiz, cinta aislante y tijeras.
- Un diodo led rojo.

Recomendaciones

- Si el led no se ilumina, añade a la pila nuevos bloques de tres discos hasta que se encienda.

PRACTICA TÚ

1. ¿Durante cuánto tiempo suministra corriente la pila antes de agotarse?
2. ¿Qué sucede si no añades sal en el agua del cuenco?
3. Busca información sobre el proceso de transformación de energía que ocurre en la pila.

FÍSICA Y QUÍMICA Y...

Cine

Thomas Anderson, el protagonista de la película *Matrix*, hace un terrible descubrimiento: el mundo, tal como lo percibe, es una ilusión. En realidad, la humanidad ha sido dominada por máquinas inteligentes, que explotan el calor y la electricidad que genera nuestro organismo como fuente de energía. El entorno virtual en el que viven inmersas las personas sirve para controlarlas e impedir que conozcan la verdad.

Al principio, Anderson no da crédito a semejante revelación. Razones físicas no le faltan. Producir la comida necesaria para alimentar a la humanidad dormida consumiría ingentes cantidades de energía, igual que mantener sus cuerpos a una temperatura adecuada o suministrar electricidad a los ordenadores que fabrican la realidad virtual.

El único modo de justificar tanto gasto sería que el cuerpo humano lo compensara con creces. Y ocurre precisamente lo contrario: gasta más energía de la que produce. Sin ir más lejos, nuestro cerebro consume unos 12 W, la quinta parte que una bombilla estándar. Las máquinas extraerían más energía quemando alimentos que utilizándolos para cebar a sus ineficientes pilas humanas.

Los actores protagonistas de Matrix: Laurence Fishburne, Keanu Reeves y Carrie-Anne Moss.

RAZONA

1. Señala tres actividades en las que un organismo en reposo invierta la energía que obtiene al procesar los alimentos.
2. El organismo de una persona media gasta unos 5 400 kJ al día para mantener sus funciones vitales. Sabiendo que el cerebro utiliza un 20 % de esa energía, calcula la potencia que consume en vatios (1 W = 1 J/s).

Música

Muchas personas sienten que reciben una descarga de energía cuando escuchan música. Se trata de un efecto psicológico, pero también físico. El sonido se propaga como una onda de presión: la densidad del aire se comprime y relaja por efecto de colisiones entre sus moléculas. Cuando estas golpean el cuerpo, le comunican parte de su energía.

Esta circunstancia ha inspirado el diseño de armas acústicas, capaces de aturdir, producir náuseas, visión borrosa o un dolor agudo en los tímpanos.

Tampoco hace falta que nos ataque ningún enemigo. Se sospecha que algunos casos de colapso pulmonar ocurren cuando una persona se acerca demasiado a un altavoz potente que está emitiendo ondas de baja frecuencia a un volumen elevado. El sonido se transmite a distinta velocidad en el aire encerrado dentro del pulmón que en los tejidos que lo envuelven. La diferencia podría provocar en ellos un desgarro.

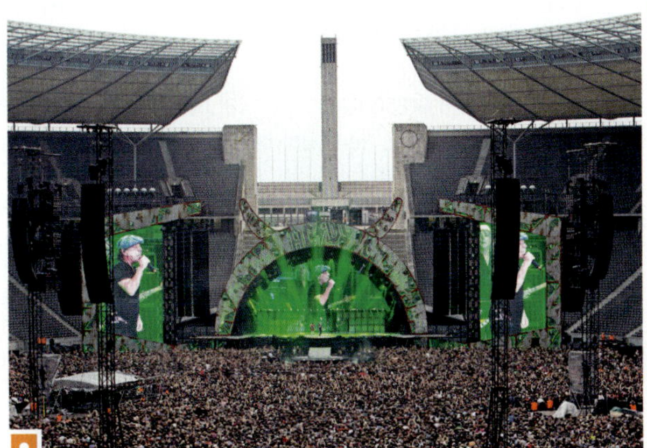
En los conciertos de música, las moléculas del aire sacuden sin descanso al público.

APRENDE A APRENDER

ACTIVIDADES

Formad grupos con vuestros compañeros de clase para resolver las siguientes actividades:

1 Copiad y completad en vuestro cuaderno el esquema de la unidad.

2 Elaborad una presentación digital para exponer los principales contenidos de la unidad ante el resto de la clase.

3 Preparad un mural sobre las distintas fuentes de energía renovables y no renovables, a partir de fotografías o recortes de revistas y periódicos.

4 Elaborad un glosario que incluya, al menos, los siguientes conceptos:

- Energía.
- Energía mecánica.
- Energía cinética.
- Energía potencial.
- Energía química.
- Energía térmica.
- Principio de conservación de la energía.
- Fuente de energía.
- Calor.
- Temperatura.
- Dilatación.
- Conducción.
- Convección.
- Radiación.
- Cambio de estado.

REPASO FINAL

1 ¿Qué tipo de energía almacena...?

a. El gas natural.

b. Una estufa eléctrica.

c. El viento.

d. Un caballo en una carrera.

e. Una bombilla.

f. Una mosca posada en el techo.

2 Un caracol de 30 g de masa se mueve a una velocidad de 0,01 m/s. Calcula su energía cinética.

3 ¿Qué transformación de energía se produce en el salto de agua de un embalse?

4 Un ciclista de 70 kg de masa está parado sobre su bicicleta de 8 kg, arranca y alcanza una velocidad de 50 km/h.

a. ¿Qué tipo de energía ha adquirido?

b. ¿Qué valor tiene dicha energía?

5 Un gorrión de 30 g de masa está posado sobre la rama de un árbol situada a 3 m de altura sobre el suelo. Sabiendo que $g = 9{,}8$ m/s^2, determina su energía potencial y su energía mecánica.

6 Un tiesto de 1 kg se encuentra en una jardinera elevada en un alféizar a 6 m de altura.

a. ¿Qué energía potencial tiene?

b. ¿En qué se transforma esa energía si el tiesto cae al suelo?

c. ¿Cuánta energía cinética podrá obtener al final de la caída? $g = 9{,}8$ m/s^2.

7 ¿Qué tipo de fuente de energía no renovable es la más empleada en la actualidad?

8 ¿Qué tipo de fuente de energía renovable se utiliza con mayor frecuencia?

9 Cita dos ventajas de las fuentes de energía renovables frente a las no renovables.

10 ¿Cuáles son las ventajas y los inconvenientes que presenta la energía solar?

11 Investiga en qué consisten la energía solar fotovoltaica y la energía solar térmica.

12 Relaciona en tu cuaderno cada imagen con la transformación de energía correspondiente:

a.

1. Nuclear en térmica

b.

2. Eléctrica en térmica

c.

3. Química en cinética

d.

4. Potencial en cinética

13 Relaciona en tu cuaderno cada energía con su característica:

a. Energía eólica.
b. Energía hidráulica.
c. Energía solar.
d. Energía geotérmica.

1. Solo se localiza en algunos lugares del planeta.
2. Requiere grandes superficies para ser almacenada.
3. Debe situarse al lado de un río.
4. Es una energía intermitente.

REPASO FINAL

14 ¿Cuáles son las ventajas y los inconvenientes del uso del carbón como fuente de energía?

15 Expresa en kelvin las siguientes temperaturas:

a. $t = 10$ °C

b. $t = 27$ °C

c. $t = 0$ °C

d. $t = -50$ °C

16 Expresa en grados Celsius estas temperaturas:

a. $T = 285$ K

b. $T = 350$ K

c. $T = 425$ K

d. $T = 0$ K

17 ¿Sería correcto decir que un cuerpo está a −5 K? ¿Por qué?

18 La temperatura de ebullición del oxígeno es −183 °C, ¿a qué temperatura equivale en kelvin?

19 Se dispone de dos vasos con agua a 20 °C y queremos calentarlos hasta alcanzar 50 °C. Si el primero contiene 0,5 L y el segundo 750 mL, ¿cuál de ellos requerirá más cantidad de calor para alcanzar la temperatura deseada?

20 En una cocina, ponemos al fuego dos sartenes, una con agua y otra con aceite, y a la misma temperatura inicial e igual cantidad de líquido. Pasados cinco minutos, ¿habrán alcanzado ambas la misma temperatura? Justifica tu respuesta.

21 ¿Es verdadera o falsa la frase siguiente?

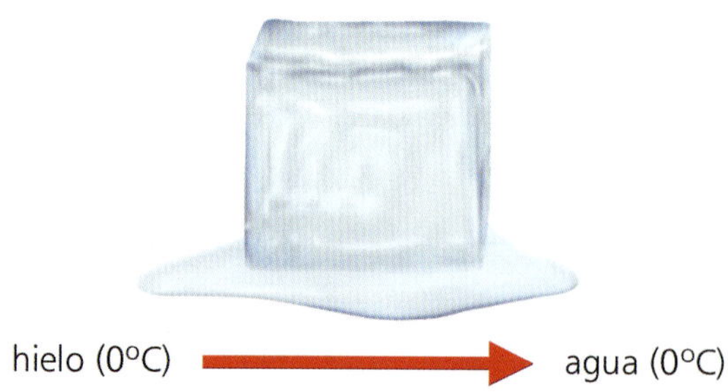

«Disponemos de un cubito de hielo que alcanza los 0 °C y se funde, con lo que pasa a ser agua líquida, también a 0 °C. Como la temperatura del hielo y del agua es la misma, no habrá hecho falta aportar nada de energía para este cambio».

22 En muchos edificios se observan unas separaciones entre dos zonas de la fachada, a las que se llama «juntas de dilatación». ¿Cuál es su misión?

23 Habrás observado muchas veces que el hielo flota en el agua.

a. ¿Puedes explicar este fenómeno?

b. Si esto no pasara, ¿podría existir la fauna en el Ártico?

24 Para aislar las viviendas del frío, se utilizan ventanas con dos cristales separados. ¿Por qué estas ventanas aíslan mejor que si llevaran los dos cristales juntos?

25 ¿Cómo se propaga el aire acondicionado, por conducción, por convección o por radiación?

26 El agua de un estanque se enfría durante la noche. ¿Qué tipo de transmisión de calor hace que eso suceda?

27 ¿Qué tipo de propagación del calor se corresponde con cada caso?

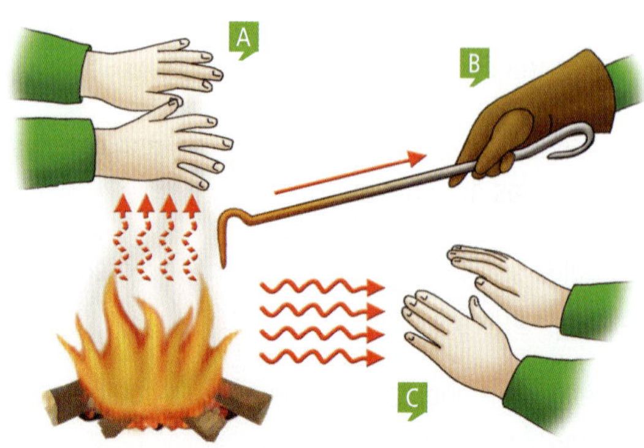

EVALUACIÓN

1 ¿Qué tipo de transformación o transformaciones de energía se producen en la escena de la figura?

a. Cinética en potencial.
b. Potencial en térmica.
c. Potencial en cinética.
d. Cinética en rozamiento.

2 La energía eléctrica se puede transformar en varios tipos de energía. ¿En cuáles de estas formas de energía es incapaz de transformarse?

a. Energía térmica.
b. Energía química.
c. Energía magnética.
d. Energía nuclear.

3 ¿Qué indica la temperatura de un cuerpo?

a. El calor que tiene.
b. La energía térmica que transfiere.
c. El estado de agitación de sus partículas.
d. La facilidad para que se funda.

4 ¿Qué energía potencial presenta una pelota de 600 g cuando llega a una canasta situada a 2,5 m de altura?

a. 14,7 J
b. 6,13 J
c. 153 J
d. 765 J

5 Con sus 180 kg de masa, el avestruz es el ave más grande del planeta. Puede llegar a correr a velocidades de 90 km/h. ¿Cuál será su energía cinética en ese caso?

a. 729 000 J
b. 16 200 J
c. 112 500 J
d. 56 250 J

6 El hierro funde a la temperatura de 1 536 °C, ¿a cuántos kelvin equivaldrá?

a. 1 263 K
b. 1 809 K
c. 1 463 K
d. 2 000 K

7 La temperatura de un cuerpo es de 253 K. ¿Cuál es su temperatura expresada en grados Celsius?

a. 273 °C
b. 526 °C
c. – 20 °C
d. – 10 °C

8 Se dispone de dos recipientes iguales con agua a la misma temperatura: el recipiente A contiene 1 L y el B contiene 2 L. Si se pretende aumentar en 10 °C la temperatura del agua de ambos, ¿qué opción es la correcta?

a. El recipiente B necesitará un 50 % más de calor que el A.
b. El recipiente B necesitará el doble de calor que el A.
c. Necesitarán la misma cantidad de calor, porque se trata de la misma sustancia.
d. El recipiente A necesitará el doble de calor que el B.

9 Cuando una cantidad de agua hierve al llegar a 100 °C, ¿qué le sucede?

a. Absorbe calor y se calienta.
b. Ni absorbe ni cede calor, porque hierve a 100 °C.
c. Se calienta, pero no absorbe calor.
d. Absorbe calor y mantiene su temperatura a 100 °C.

10 ¿Cómo se transmite el calor al descongelar el pan en el microondas?

a. Por conducción.
b. Por convección.
c. Por radiación.
d. Por intercambio de calor.

11 Cuando estás en una cocina y notas calor al situarte cerca del horno, ¿cómo te llega ese calor?

a. Por conducción.
b. Por convección.
c. Por radiación.
d. Por ninguna de las formas anteriores.

DIARIO DE APRENDIZAJE

¿Se ha correspondido lo que pensaba que iba a estudiar en la unidad con el contenido que he estudiado en ella?

Flippeando los efectos de las fuerzas

TRABAJO COOPERATIVO

EN CASA

A continuación, presentamos un vídeo que tendrás que trabajar en casa, como preparación a las tareas que realizaremos conjuntamente en clase. Es preciso que le dediques tiempo y que trates de interiorizar todo lo que en él se explica.

1 Visualización de los vídeos

Busca en YouTube el vídeo *Fuerzas* (https://www.youtube.com/watch?v=1E8rhGfRoFM) y visualízalo con atención, tratando de comprender lo que se explica. Ten tu cuaderno al lado para ir anotando todas las dudas que te puedan surgir.

2 Actividad *Edpuzzle*

Responde de manera razonada a las preguntas que se plantean a través de la herramienta *EdPuzzle*. Tu profesor te indicará cómo hacerlo, pero, antes, puedes repasar los contenidos con tu libro.

3 A la caza de fuerzas

Observa a tu alrededor y anota dos fuerzas de contacto y dos a distancia, indicando el efecto que se produce o alguna característica importante.

EN CLASE

Las sesiones de clase están orientadas a practicar los contenidos que has ido aprendiendo con tu trabajo en casa.

1 Puesta en común de las actividades *EdPuzzle*

Comenzaremos resolviendo las dudas que os hayan surgido al ver el vídeo, bien en los equipos habituales de trabajo o de manera general. Continuaremos resolviendo las actividades de la herramienta *EdPuzzle* comentada y analizando las dificultades surgidas en la resolución. No te quedes con ninguna duda y pregunta todo aquello que no entiendas.

2 Trabajo en equipo: la ley de Hooke

Cada grupo trae a clase un muelle de diferente constante elástica, masas de diferentes valores y una cinta métrica. La actividad consiste en realizar una gráfica peso-alargamiento y, a partir de ella, obtener la constante elástica del muelle. Se realizarán tres mediciones en total.

3 Mapa conceptual: las fuerzas en la naturaleza

En grupos, de forma cooperativa, preparad el mapa conceptual de las distintas fuerzas existente en la naturaleza con alguna aplicación que podáis compartir (*Popplet*, *Mindomo*, etc.).

4 Cuestionario *Kahoot!*

Ahora vamos a realizar una actividad *Kahoot!* sobre funciones. Son cuestiones sencillas, de respuesta rápida. Sitúate con tu dispositivo móvil en la dirección https://kahoot.it/#/ y tu profesor te indicará cómo seguir.

PBL. Calor y osos

TRABAJO COOPERATIVO

A continuación os presentamos el enunciado de un problema que plantea una situación que debéis resolver en grupo. Después de leerlo, se os indicará con qué recursos contáis y cómo debéis presentar el producto final.

"Las pasadas navidades fuimos con toda la familia a una casa de turismo rural en la sierra de Gredos, en concreto en el pueblo de Navacepeda de Tormes (Ávila). El dueño de la vivienda, un antiguo profesor de universidad, nos enseñó las distintas estancias y nos explicó el funcionamiento de todos los aparatos y electrodomésticos.

Concretamente, se detuvo especialmente en tres de ellos: un horno de convección, los radiadores de la calefacción y las tuberías que llevaban el agua a un segundo cuerpo de la vivienda que quedaba separado por un patio.

Sobre el horno nos comentó que, al ser de convección, facilitaba la cocción homogénea de los alimentos. De los radiadores nos recomendó que no pusiéramos ropa a secar sobre ellos. Por último, refiriéndose a las tuberías, insistió en que teníamos que cerrar la llave de paso todas las noches ya que, de lo contrario, podrían reventar por las bajas temperaturas.

Al ver que seguíamos muy atentamente sus explicaciones, nos lanzó un reto que nos entusiasmó muchísimo: si éramos capaces de explicarle con detalle la relación entre los tres elementos de la casa, vendría una noche y nos contaría la leyenda de la mano de un oso que había clavada en la puerta de la iglesia del pueblo desde hacía más de 400 años.

Para buscar información, podríamos utilizar la red wifi de la casa y hacerle tantas preguntas como quisiéramos ya que, según nos desveló, su línea de investigación en la universidad versaba sobre la energía térmica.

¡A ver si superamos el reto!

Evalúa tu **talento emprendedor**

Te proponemos que realices esta autoevaluación teniendo en cuenta el trabajo que has realizado en el desarrollo de alguna de las propuestas de esta sección o de alguna otra propuesta de trabajo realizada a lo largo de este trimestre. ¿Dónde te sitúas tú?

AUTOEVALUACIÓN

	NIVEL MAESTRO	NIVEL AVANZADO	NIVEL APRENDIZ	NIVEL INICIAL
1. Conoces el lenguaje tecnológico básico de la informática, la física, la electrónica o la mecánica, y te comunicas a través del mismo.	Tengo un amplio conocimiento general del lenguaje tecnológico, lo que me ha permitido utilizarlo sin ningún problema en mis conversaciones.	Tengo un conocimiento medio-alto del lenguaje tecnológico que me ha permitido defenderme en mis conversaciones con pocas dificultades.	Necesito ampliar mis conocimientos del lenguaje tecnológico general para ganar eficacia en mis conversaciones y evitar algunas dificultades importantes.	Necesito mejorar mis escasos conocimientos del lenguaje tecnológico general para poder conversar con eficacia sobre estos temas.

Las siguientes actividades proceden de preguntas liberadas de distintas convocatorias de pruebas PISA, o bien son estímulos semejantes a los utilizados en dichas pruebas. Emplea todos tus conocimientos y todas tus habilidades para resolverlas.

AUTOBUSES

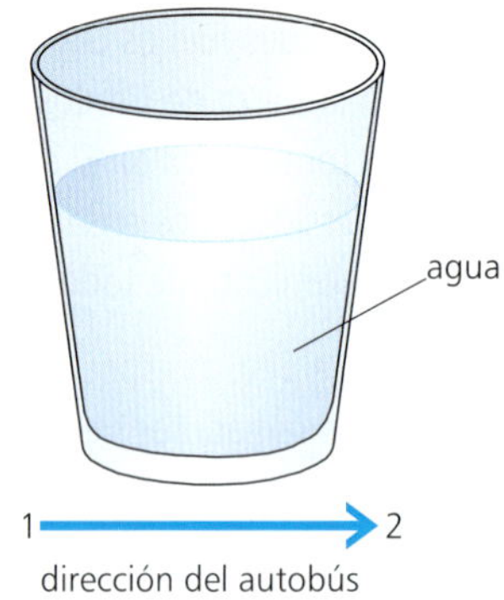

1 Un autobús circula por un tramo recto de una carretera. Raimundo, el conductor del autobús, tiene un vaso de agua sobre el panel de mandos.

De repente, Raimundo tiene que frenar violentamente. ¿Qué le ocurrirá al agua del vaso?

a. El agua permanecerá horizontal.

b. El agua se derramará por el lado 1.

c. El agua se derramará por el lado 2.

d. El agua se derramará, pero no sabes si lo hará por el lado 1 o por el lado 2.

2 El autobús de Raimundo, como la mayoría de los autobuses, funciona con un motor de gasolina. Estos autobuses contribuyen a la contaminación el medioambiente. Algunas ciudades tienen trolebuses, que funcionan con un motor eléctrico. El voltaje necesario para este tipo de motores eléctricos es suministrado por cables eléctricos (como en los trenes eléctricos). La electricidad procede de una central que utiliza combustibles fósiles.

Los partidarios del uso de trolebuses en las ciudades argumentan que este tipo de transporte no contribuye a la contaminación del el medio ambiente.

¿Llevan razón los partidarios del trolebús? Explica tu respuesta

....

....

Trabajo con calor

PREGUNTAS

1 Pedro está haciendo reparaciones en una casa vieja. Ha dejado una botella de agua, algunos clavos metálicos y un trozo de madera dentro del maletero de su coche. Después de que el coche ha estado tres horas al sol, la temperatura dentro del coche llega a unos 40 °C. ¿Qué les pasa a los objetos dentro del coche?

Marca con un círculo la respuesta, Sí o No, para cada afirmación.

¿Le(s) pasa esto al (a los) objetos(s)?	¿Sí o No?
Todos tienen la misma temperatura.	Sí / No
Después de un rato el agua empieza a hervir.	Sí / No
Después de un rato los clavos están rojos incandescentes.	Sí / No

2 Para beber durante el día, Pedro tiene una taza con café caliente, a unos 90 °C de temperatura, y una taza con agua mineral fría, a unos 5 °C de temperatura. Las tazas son del mismo material y tamaño, y el volumen contenido en cada taza es el mismo. Pedro deja las tazas en una habitación donde la temperatura es de unos 20 °C. ¿Cuáles serán probablemente las temperaturas del café y del agua mineral después de 10 minutos?

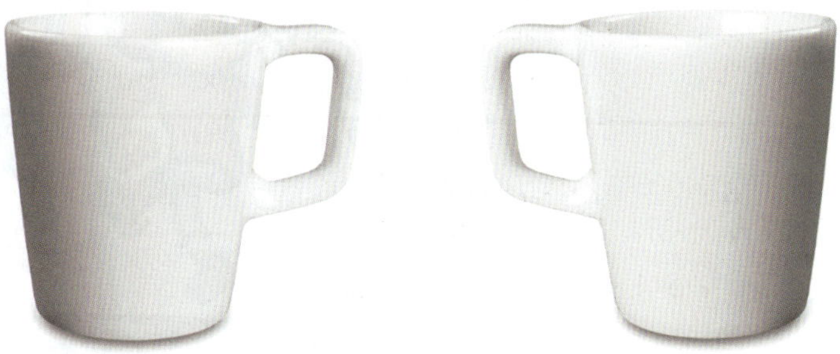

a. 70 °C y 10 °C.

b. 90 °C y 5 °C.

c. 70 °C y 25 °C.

d. 20 °C y 20 °C.

3 ¿Te interesa la información siguiente? Marca sólo una casilla en cada fila.

	Me interesa mucho	Me interesa a medias	Me interesa poco	No me interesa
a. Comprender cómo la forma de la taza influye en la velocidad a la que se enfría el café.	1	2	3	4
b. Conocer la diferente organización de los átomos de la madera, el agua y el acero.	1	2	3	4
c. Saber por qué diferentes sólidos conducen el calor de forma diferente.	1	2	3	4

somos #link